318 citações do padre Antônio Vieira
escolhidas e anotadas por Emerson Tin

318 citações do padre Antônio Vieira escolhidas e anotadas por Emerson Tin

TORDSILHAS

O texto deste livro foi fixado conforme o acordo ortográfico vigente no Brasil desde 1º de janeiro de 2009.

REVISÃO Eugênio Vinci de Moraes e Carmen T. S. Costa
BIBLIOGRAFIA Emerson Tin
CAPA E PROJETO GRÁFICO Kiko Farkas e Adriano Guarnieri/Máquina Estúdio

1ª edição, 2011

Dados Internacionais de Catalogação na Publicação (CIP)
(Câmara Brasileira do Livro, SP, Brasil)

318 citações do padre Antônio Vieira / escolhidos e anotadas por Emerson Tin; Emerson Tin. – São Paulo : Tordesilhas, 2011.

ISBN 978-85-64406-13-1

1. Citações 2. Oratória portuguesa 3. Vieira, Antônio, padre, 1608-1697 I. Tin, Emerson.

11-07367 CDD-869.5

Índices para catálogo sistemático:
1. Oratória : Literatura portuguesa 869.5

2011
Tordesilhas é um selo da Alaúde Editorial Ltda.
Rua Hildebrando Thomaz de Carvalho, 60
04012-120 – São Paulo – SP
www.tordesilhaslivros.com.br

Sumário

Nota do organizador

Em nenhuma coisa se vê tanto o acerto da eleição como naquilo que, acertado uma vez, não pode ter mudança ou, errado uma vez, não pode ter emenda.

Antônio Vieira,
"Sermão nas exéquias da S. D. Maria de Ataíde"

O padre Antônio Vieira, nascido no século XVII, século que viu luzir os engenhos de homens como Gracián e La Rochefoucauld, tem em comum com eles o hábil manejo da pena, da qual brotaram frases lapidares, dignas de figurar sob o título de aforismos ou máximas morais.

Com esse objetivo em mente, apresentamos uma coletânea de excertos extraídos da obra vieiriana em língua portuguesa, sobretudo de seus *Sermões*, mas também de suas cartas e da *História do futuro*, sempre apontadas ao final de cada transcrição. Os excertos variam de pequenas frases, pequenas joias lapidadas com maestria, a trechos mais longos, em que brilha a apurada retórica do orador consagrado no púlpito.

Em relação aos *Sermões*, utilizou-se a edição *princeps* em sua versão fac-similar publicada na década de 1940, na coleção intitulada "Biblioteca anchietana". Quanto às cartas, foi consultada a edição organizada e anotada por João Lúcio de Azevedo, em três volumes. A *História do futuro* foi consultada em sua edição de 1718, em versão eletrônica disponível na internet.

Os trechos vêm divididos por temas, apresentados em ordem alfabética, de modo a facilitar a consulta do leitor.

EMERSON TIN

318 citações do padre Antônio Vieira
escolhidas e anotadas por Emerson Tin

A

ADMIRAÇÃO

Quão grande é o povo dos que te admiram, tão grande é o número dos que te invejam. A admiração estará por algum tempo suspensa e muda, como costuma, mas a inveja reconcentrada rebentará com mais força, como de mina, e o que foram aplausos serão estragos.
("Sermão da quarta dominga da Quaresma" [1655])

⁂

A admiração é filha da ignorância e mãe da ciência. Filha da ignorância, porque ninguém se admira senão das coisas que ignora, principalmente se são grandes; e mãe da ciência, porque, admirados os homens das mesmas coisas que ignoram, inquirem e investigam as causas delas até as alcançar, e isto é o que se chama ciência.
("Sermão da ascensão de Cristo Senhor Nosso")

⁂

ADULAÇÃO

Eis aqui quem são os aduladores, gente que mente com a verdade e afronta com a cortesia. Isto haviam de escrever os políticos no seu livro do duelo, que mais afronta uma mesura de um adulador que uma bofetada de um inimigo.
("Sermão da segunda quarta-feira da Quaresma" [1638])

⁂

Mais se há de temer a língua desarmada do adulador, que todas as armas do perseguidor e inimigo.
("Sermão da primeira sexta-feira da Quaresma" [1651])

⁂

É tal o doce veneno da lisonja que, entrando pelos ouvidos, lhes cega também os olhos.
("Sermão da primeira sexta-feira da Quaresma" [1651])

⁂

Maior felicidade é carecer do perigo de quem me derrube, que haver mister o socorro de quem me levante. Quanto mais que os que pedem e costumam derrubar são os muitos, e os grandes e os caídos, a quem estes derrubam, mais facilmente acharão uma lisonja que lhes ponha o pé em cima, que uma amizade constante e valorosa, que se atreva a lhes dar a mão.
("Sermão da quarta dominga da Quaresma" [1655])

⁂

Uns autores comparam estes aduladores ao camaleão que, não tendo cor certa nem própria, se reveste e pinta de todas as cores, quaisquer que sejam as do objeto vizinho. Outros os comparam à sombra, que não tem outra ação, figura ou movimento que a do corpo interposto à luz, do qual nunca se aparta, e sempre, e para qualquer parte o segue. Outros o comparam ao espelho, retrato natural e recíproco de quem nele se vê, porque, se lhe pondes os olhos, olha para vós, se rides, ri, se chorais, chora, lágrimas, porém, sem dor, e riso sem alegria, que não fora o espelho adulador se assim não fora. Mas, como o camaleão, a sombra e o espelho tudo são assistentes mudos, a comparação de Santo Agostinho é a mais própria e semelhante de todas, porque os comparou ao eco [...]. O eco sempre repete o que diz a voz, nem sabe dizer outra coisa; e onde as concavidades são muitas, é cena verdadeiramente aprazível ver como os ecos se vão respondendo sucessivamente uns aos outros, e todos sem discrepância dizendo o mesmo. O que disse a primeira voz é o que todos uniformemente repetem. E isto que fez a natureza nos bosques, faz a adulação nos palácios, diz Agostinho. Diz o rei que quer fazer uma guerra, e, ainda que a empresa seja pouco provável, e o sucesso de perigosas consequências, que respondem os ecos? Guerra, guerra, guerra. Diz que quer fazer uma paz, e, ainda que a ocasião seja intempestiva e os pactos e condições pouco decorosos, que respondem os ecos? Paz, paz, paz. Diz que quer enriquecer o erário, e para isso multiplica os tributos, e, ainda que os fins ou pretexto tenham mais de vaidade que de utilidade, que respondem os ecos? Tributos, tributos, tributos.

("Sermão da primeira sexta-feira da Quaresma" [1651])

ALEGRIA

Não há alegria neste mundo tão privilegiada que não pague pensão à tristeza.

("Sermão da segunda dominga da Quaresma")

⁂

Não há alegria sem tristeza, nem desejo sem temor, nem esperança sem dúvida.

(Maria Rosa Mística, "Sermão VII")

AMBIÇÃO

Subir, e mais subir; crescer, e mais crescer. Os pequenos querem ser grandes, os grandes querem ser maiores, os maiores não sei, nem eles sabem o que querem ser: *Superbia eorum ascendit semper**. Ninguém se contenta com a estatura que Deus lhe deu, e não há homem tão pigmeu, ou tão formiga, que não aspire a ser gigante, para conquistar o céu.

("Sermão da quinta dominga da Quaresma" [1651])

⁂

---

* Salmo 73, 23: "Não te esqueças do rumor dos teus adversários, *do tumulto crescente dos que se rebelam contra ti*" (*Bíblia de Jerusalém*. Nova edição, revista e ampliada. São Paulo: Paulus, 2002 – Todas as citações da *Bíblia* neste livro foram tiradas desta edição da Paulus. Quando for utilizada outra edição, as referências aparecerão junto da tradução).

Quem quer mais do que lhe convém perde o que quer e o que tem. Quem pode nadar, e quer voar, tempo virá em que não voe, nem nade.

("Sermão de Santo Antônio" [1654])

⁂

A soberba e ambição de subir nunca está mais que sobre um pé. Tem um pé no lugar que possui, e outro já vai pelo ar para o lugar que pretende. Isto é subir sempre. Quem sobe, quando firma o pé num degrau já levanta o outro para o pôr no que se segue; e assim sobe, e vai subindo sempre (por mais alto que seja o lugar a que tem subido) quem for tocado desta tentação.

("Sermão da primeira dominga da Quaresma", na Igreja de Santo Antônio dos Portugueses, em Roma)

⁂

Toda a meditação da aranha é estar urdindo e tecendo redes. E para quê? Para tomar uma mosca. Pois, aranha vã e altiva, que sempre buscas o mais alto da casa, estas são as tuas meditações, e estes os teus cuidados? Para isto fias, para isto teces, para isto te desentranhas? Sim. E mais razão tenho eu (diz a aranha) de estranhar as meditações dos homens do que eles as minhas. Eu medito em tomar uma mosca com que sustento a minha vida, eles meditam em tomar moscas com que perdem a sua.

(Maria Rosa Mística, "Sermão VIII")

⁂

Não há coisa que mais mude os homens que o descer ou subir, e o subir muito mais que o descer.
("Sermão da ascensão de Cristo Senhor Nosso")

⁂

Quem tem asas para voar, e se contenta com andar, e quando muito com correr, pode mais do que quer, e quer menos do que pode; e só quem quer e se contenta com menos do que pode passa a carreira desta vida sem cansar nem desfalecer.
("Sermão da terceira dominga *post Epiphaniam*")

⁂

Todo o homem neste mundo deseja melhorar de lugar. E nenhum se acha em tal posto, por levantado e acomodado que seja, que não procure subir a outro melhor. É própria esta inclinação da natureza racional, como se fora razão, e não apetite.
("Sermão da dominga décima sexta *post Pentecostem*")

⁂

A causa e raiz de todos os danos particulares e públicos que padecem as famílias, as comunidades e os reinos e com que se está indo a pique o mundo é não acabar o apetite, a ambição e a cegueira humana de tomar as medidas ao que pode e ajustar o seu querer ao seu poder.
("Sermão da terceira dominga *post Epiphaniam*")

⁂

A mais poderosa inclinação e o mais poderoso apetite do homem é desejar ser.

("Sermão de Todos os Santos" [1643])

⁂

Se buscarmos com verdadeira consideração a causa de todas as ruínas e males do mundo, acharemos que não só a principal, senão a total e única, é não acabarem os homens de concordar o seu querer com o seu poder: *Si vis, potes**. A raiz deste veneno mortal, nascida não só na terra, senão também no Céu, é a inclinação natural com que toda a criatura, dotada de vontade livre, não só apetece sempre ser mais do que é, senão também querer mais do que pode.

("Sermão da terceira dominga *post Epiphaniam*")

⁂

Não é mais dificultoso o subir que o descer? Pois, esta é a razão ainda natural da grande facilidade com que o último lugar se consegue. Aos outros caminha-se a passo lento, subindo: ao último, quase sem dar passo, descendo.

("Sermão da dominga décima sexta *post Pentecostem*")

⁂

Não está o erro em desejarem os homens ser, mas está em não desejarem ser o que importa. Uns desejam ser ricos, outros desejam ser nobres, outros desejam ser sábios, outros desejam ser poderosos,

---

* Mateus, 8, 2: "Senhor, se queres, tens poder para purificar-me".

outros desejam ser conhecidos e afamados, e quase todos desejam tudo isto, e todos erram. Só uma coisa devem os homens desejar ser, que é ser santos.
("Sermão de Todos os Santos" [1643])

⁂

Quem em tudo quer parecer maior não é grande.
(Maria Rosa Mística, "Sermão XVI")

AMIZADE

O amigo fiel nunca pode deixar de amar, porque nem seria fiel, nem amigo, se não amasse. Em todos os parentes o amor é acidente que se pode mudar, no amigo fiel é essência, e por isso imutável.
(Xavier acordado, "Sermão quarto, pretendentes"*)

⁂

* Trata-se de um ciclo de sermões sobre São Francisco Xavier (1506-1552) cujo título completo é Xavier dormindo e Xavier acordado: dormindo, em três orações panegíricas no tríduo da sua festa, dedicadas aos três Príncipes que a Rainha Nossa Senhora confessa dever à intercessão do mesmo Santo, acordado, em doze sermões panegíricos, morais e ascéticos, os nove da sua Novena, o décimo da sua Canonização, o undécimo do seu dia, o último do seu Patrocínio etc. A citação foi retirada do quarto sermão da parte intitulada "Xavier acordado", composta de doze sermões: I – Anjo, II – Nada, III – Confiança, IV – Pretendentes, V – Jogo, VI – Assegurador, VII – Doudices, VIII – Finezas, IX – Braço, X – Da sua canonização, XI – Do seu dia, XII – Da sua proteção.

Depois que a sincera amizade, a qual entre o coro das virtudes tinha tão honrado lugar, se desceu de sua dignidade, e acompanhou com os vícios, que amigo ou chamado amigo há hoje que, assim como é o maior inimigo de si mesmo, o não seja também do seu amigo?

("Sermão da primeira sexta-feira da Quaresma" [1644])

⁂

Fiai-vos lá de amigos, e mais dos mais discretos! O que podeis esperar, quando muito, da memória ou do seu entendimento, é uma meia folha de papel com catorze versos; melhor fora uma bula dos defuntos.

("Sermão ao enterro dos ossos dos enforcados" [1637])

⁂

Entre todos os bens, nenhum bem há maior que os amigos, e entre todas as coisas nossas, nenhuma é mais nossa que os amigos.

("Sermão de São João Evangelista" [1644])

⁂

Para se conhecerem os amigos, deviam os homens morrer primeiro, e daí a algum tempo, sem ser necessário muito, ressuscitar.

("Carta circular à nobreza de Portugal", Bahia, 31 de julho de 1694)

⁂

Onde entra a inveja e a ambição de lugares não há virtude nem amizade segura: o maior amigo vos há de desviar, e o mais virtuoso se há de introduzir.

("Sermão da dominga décima sexta *post Pentecostem*")

⁂

Muitas vezes parecem finezas de amizade o que são ódios refinadíssimos.

("Sermão do sábado antes da Dominga de Ramos" [1634])

AMOR

Amar é entregar o coração, mentir é encobri-lo. Bem se segue logo que quem não fala verdade não ama, porque, como há de entregar o coração quem o encobre?

("Sermão de São João Evangelista" [1644])

⁂

Quantas coisas há no mundo muito amadas, que, se as conhecera quem as ama, haviam de ser muito aborrecidas.

("Sermão do mandato" [1645])

⁂

O amor dos pais é o mais forte de todos.

(Maria Rosa Mística, "Sermão XXIII")

⁂

O criado, quando vigia, espera, e o pai, quando vigia, teme? Porque o pai é pai, e o criado é criado. O criado, quando vigia, espera, porque no criado vigia o interesse; o pai, quando vigia, teme, porque no pai vigia o amor: espera quem serve, teme quem ama.
("Sermão de São Roque" [1644])

⁂

Quem ama tudo cuida e tudo teme.
("Carta a Duarte Ribeiro de Macedo", Roma, 4 de dezembro de 1672)

⁂

Não há amor que mais facilmente perdoe e mais benignamente interprete e dissimule defeitos que o amor de pai.
(Sermão de Santo Agostinho [1648])

⁂

Talvez adormecerão os sentidos; mas o amor sempre vela, porque sempre lhe faz sentinela o coração.
("Sermão da ressurreição de Cristo S. N.")

⁂

O amor essencialmente é união, e naturalmente a busca; para ali pesa, para ali caminha, e só ali para.
("Sermão do mandato" [1670])

⁂

O amor não é união de lugares, senão de vontades; se fora união de lugares, pudera-o desfazer a distância, mas como é união de vontades, não o pode esfriar a ausência.
("Sermão do mandato" [1643])

⁂

O primeiro e primário efeito do amor é a união.
("Sermão nos anos da sereníssima Rainha Nossa Senhora..." [1684])

⁂

É grande madrugador o amor, porque quem tem cuidados não dorme.
("Sermão da ressurreição de Cristo S. N.")

⁂

São as afeições como as vidas, que não há mais certo sinal de haverem de durar pouco, que terem durado muito. São como as linhas que partem do centro para a circunferência, que, quanto mais continuadas, tanto menos unidas. Por isso os antigos sabiamente pintaram o amor menino, porque não há amor tão robusto, que chegue a ser velho. De todos os instrumentos com que o armou a natureza o desarma o tempo. Afrouxa-lhe o arco, com que já não tira, embota-lhe as setas, com que já não fere, abre-lhe os olhos, com que vê o que não via, e faz-lhe crescer as asas, com que voa e foge.
("Sermão do mandato" [1643])

⁂

Que é o que mais deseja e mais estima o amor: ver-se conhecido, ou ver-se pago? É certo que o amor não pode ser pago, sem ser primeiro conhecido; mas pode ser conhecido, sem ser pago. E, considerando divididos estes dois termos, não há dúvida que mais estima o amor, e melhor lhe está ver-se conhecido que pago. Porque o que o amor mais pretende é obrigar: o conhecimento obriga, a paga desempenha; logo, muito melhor lhe está ao amor ver-se conhecido, que pago, porque o conhecimento aperta as obrigações; a paga e o desempenho desata-as. O conhecimento é satisfação do amor-próprio; a paga é satisfação do amor alheio. Na satisfação do que o amor recebe, pode ser o afeto interessado; na satisfação do que comunica, não pode ser senão liberal: logo, mais deve estimar o amor ter segura no conhecimento a satisfação da sua liberalidade, que ver duvidosa na paga a fidalguia do seu desinteresse.
("Sermão do mandato" [1645])

⁂

Tudo conquista o amor quando conquista uma alma; porém o primeiro rendido é o entendimento. Ninguém teve a vontade febricitante, que não tivesse o entendimento frenético. O amor deixará de variar, se for firme, mas não deixará de tresvariar, se é amor. Nunca o fogo abrasou a vontade que o fumo não cegasse o entendimento. Nunca houve enfermidade no coração que não houvesse fraqueza no juízo. Por isso os mesmos pintores do amor lhe vendaram os olhos. E como o primeiro efeito, ou a última disposição do amor, é cegar o entendimento, daqui vem que isto, que vulgarmente se chama amor, tem mais partes de ignorância; e quantas partes tem de ignorância, tantas lhe faltam de amor.
("Sermão do mandato" [1645])

⁂

Amar e não ser amado é o maior tormento; ser amado e não amar é a maior injustiça. Mas aquilo é padecer a sem-razão; isto é fazê-la: logo, melhor é amar e não ser amado, que ser amado e não amar, porque amar e não ser amado é ser mártir; ser amado e não amar é ser tirano. Sendo, pois, um excesso tão alheio da razão, tão indigno da humanidade, e tão contrário a toda a inclinação natural, não pagar amor com amor, quem duvida ou pode duvidar que não só o aborrecer a quem nos ama (que é ato) mas ainda o não amar somente (que é mera suspensão) seja a maior violência da liberdade humana, o maior aperto do coração, e a maior tirania da natureza?
("Sermão da primeira sexta-feira da Quaresma" [1644])

Dizem que um amor com outro se paga, e mais certo é que um amor com outro se apaga. Assim como dois contrários em grau intenso não podem estar juntos em um sujeito, assim no mesmo coração não podem caber dois amores, porque o amor que não é intenso não é amor. Ora, grande coisa deve de ser o amor, pois, sendo assim, que não bastam a encher um coração mil mundos, não cabem em um coração dois amores. Daqui vem que, se acaso se encontram e pleiteiam sobre o lugar, sempre fica a vitória pelo melhor objeto.
("Sermão do mandato" [1643])

O amor, assim como é cego para conceder, assim é fraco para negar.
("Sermão da terceira quarta-feira da Quaresma" [1670])

Amar e ser amado são relações mútuas e recíprocas que, posta ou suposta uma, logo naturalmente resulta a outra. E assim como o amor só com amor se conquista, assim não há amor tão forte, ou tão fortificado, que se não renda a outro amor.

("Sermão da primeira sexta-feira da Quaresma" [1644])

⁂

A prova do verdadeiro amor não está em amar vendo, senão em amar sem ver. Amar e ver é bem-aventurança; amar sem ver é amor. O mesmo mundo o contesta. Toda a gala do amor, qual é? Vós o pintais nu como a verdade, e assim há de ser se é amor. Qual é logo a sua gala? Toda a gala do amor é a sua venda. Vendado e despido, porque quando não tem uso dos olhos, então se descobre o amor.

("Sermão do Santíssimo Sacramento" [1674])

⁂

O amor, para ser grande, há de ter alguma coisa de injusto, porque sendo injusto para quem se nega, é mais fino para quem se dá.

("Sermão de Santa Teresa e do Santíssimo Sacramento" [1644])

⁂

Quando amo a quem me ama, pago o que devo; quando me vingo de quem me ofendeu, pagam-me o que me devem. E quem há que não seja mais inclinado a receber a satisfação, que a pagar a dívida? Mais dificultoso é logo deixar de aborrecer a quem nos aborrece, que deixar de amar a quem nos ama.
("Sermão da primeira sexta-feira da Quaresma" [1644])

⁂

O amor e ódio ambos sentenceiam sem vista, um porque a não tem e outro porque a não dá.
("Carta ao marquês de Gouveia", Coimbra, 23 de março de 1665)

⁂

O mais seguro crédito de quem ama é a condição da dívida no amado: mas como há de confessar a dívida quem a não conhece? Mais lhe importa logo ao amor o conhecimento que a paga, porque a sua maior riqueza é ter sempre endividado a quem ama. Quando o amor deixa de ser acredor, só então é pobre. Finalmente, ser tão grande o amor, que se não possa pagar, é a maior glória de quem ama. Se esta grandeza se conhece, é glória manifesta; se não se conhece, fica escurecida, e não é glória; logo, muito mais estima o amor, e muito mais deseja, e muito mais lhe convém a glória de conhecido, que a satisfação de paga.
("Sermão do mandato" [1645])

⁂

O amor pesa-se na balança da paciência: padecer menos é amar menos, padecer mais é amar mais.
(Xavier dormindo, "Sonho segundo")

⁂

Toda a fortuna tem jurisdição no amor: se é adversa, ninguém vos ama; se é próspera, a ninguém amais.
("Sermão de Santa Teresa e do Santíssimo Sacramento" [1644])

⁂

Se o diminuir no amor é descrédito, também é descrédito o crescer. Quem diz que ama mais desacredita o seu amor, porque ainda que o crescer seja aumento, é aumento que supõe imperfeição. Amor que pode crescer não é amor perfeito.
("Sermão do mandato" [1645])

⁂

Que grande cousa é amar a Deus, e amar só a Ele, e não ter neste mundo nem outro desejo, nem outro cuidado, nem outro temor, nem outra esperança!
("Carta ao padre Francisco de Avelar", fragmento, 1653)

AMOR-PRÓPRIO

A cegueira do juízo e amor-próprio é muito maior que a cegueira dos olhos: a cegueira dos olhos faz que não vejamos as coisas; a cegueira do amor-próprio faz que as vejamos diferentes do que são, que é muito maior cegueira.

("Sermão da quarta dominga do Advento")

⁂

Negar-se a si mesmo, dizem que é a maior fineza; e não sei eu comodidade maior; dizem que é o maior ato de amor de Deus, e eu o tenho pela maior destreza do amor-próprio. Só se sabe querer bem quem se sabe livrar de si.

("Sermão das chagas de São Francisco" [1646])

APARÊNCIAS

Só o que está dentro de nós nos pode distinguir intrínseca e verdadeiramente, e este é o vício ou a virtude; tudo o mais são coisas que ficam de fora: podem mudar as aparências, mas não distinguir as pessoas.

(Voz ascética, "Comento ou homilia sobre o Evangelho da segunda-feira da primeira semana de Quaresma")

⁂

Os disfarces não mudam a pessoa: escondida e descoberta é a mesma.
("Sermão das obras de misericórdia" [1647])

APRENDER

Para aprender, não basta só ouvir por fora: é necessário entender por dentro. Se a luz de dentro é muita, aprende-se muito; se pouca, pouco; se nenhuma, nada.
("Sermão do Espírito Santo", pregado da cidade de S. Luís do Maranhão, na Igreja da Companhia de Jesus, em ocasião que partia ao rio das Amazonas uma grande missão dos mesmos religiosos)

ARREPENDIMENTO

As espadas que facilmente se tiram com a mesma facilidade se embainham, e há bondades tão benignas que é mais fácil nelas a contrição, que nos que as ofenderam o arrependimento.
("Carta a Duarte Ribeiro de Macedo", Roma, 28 de agosto de 1674)

AVAREZA

A diferença entre o cobiçoso e o avarento é que o cobiçoso quer o dinheiro para gastar, o avarento quer o dinheiro para o guardar. O cobiçoso, ou seja liberal ou pródigo, contanto que não seja avarento, quer ter dinheiro para ter outras coisas; o avarento quer ter dinheiro só para ter; e como o cobiçoso usa do dinheiro como meio e instrumento para conseguir outros fins, e o avarento não tem outro fim em ter dinheiro, senão o ter, e faz do mesmo dinheiro o seu último fim, daqui se segue que o cobiçoso não é idólatra, e o avarento sim, porque o último fim natural e sobrenatural de todas as coisas é Deus, e quem tem por último fim qualquer outra coisa que não seja Deus é idólatra.

("Sermão da primeira dominga da Quaresma", na Igreja de S. Antônio dos Portugueses, em Roma)

AUSENTES

Os ausentes só se podem acompanhar com as saudades; e onde o ausente é comida, as saudades são fome.

(Voz quarta obsequiosa, "Sermão das exéquias do conde de Unhão d. Fernão Telles de Menezes...")

B

BEM, BENS

O bem, que é o objeto da vontade, assim como tem diferentes tempos, assim causa na mesma vontade diferentes afetos. Porque o bem, ou é presente, ou passado, ou futuro: se é presente, causa gosto; se é passado, causa saudade; se é futuro, causa desejo.
("Sermão de Nossa Senhora do Ó" [1640])

*

Os bens e grandezas do mundo falsamente se chamam bens, porque são males, e sem razão se chamam grandezas, porque são pouquidade. Pois, que remédio para fazer das pouquidades grandezas, e dos males bens? O remédio é deixá-los, e deixá-los em esperanças, porque esses que o mundo chama grandes bens só são bens quando se deixam, só são grandes quando se esperam. A esperança lhes dá a grandeza, o desprezo lhes dá a bondade; desprezados são bens, esperados são grandes. E assim, mais dá quem despreza o que espera que quem dá o que possui. De umas e outras, de possuídas e de esperadas grandezas, são despojos as cinzas que hoje se rendem aos soberanos impulsos daquela pedra divina. Oh! como desaparece a

estátua! Oh! como cresce o monte! De nossas diminuições aumenta Deus suas grandezas, de nossos desprezos suas majestades.
("Sermão de São João Batista" [1644])

⁂

Acrescenta Deus os bens ao invejado para maior castigo e dor do invejoso, mas que diminui e tira também ao invejoso, para maior honra e vingança do invejado.
("Sermão da primeira sexta-feira da Quaresma" [1649])

⁂

Muitas vezes não basta que os bens deste mundo sejam nossos, para que o mesmo mundo no-los deixe lograr.
("Sermão da segunda dominga da Quaresma")

⁂

Esta é a maior desgraça dos bens, contrária em tudo à natureza dos males: os bens veem-se de longe, os males de perto; os males quando vêm, os bens quando fogem; os males pelo direito, os bens pelo avesso; os males pelo rosto, os bens pelas espaldas: quando voltam as costas os bens, então se conhecem.
(*As cinco pedras da funda de Davi*, "Discurso II")

⁂

Os bens deste mundo, como são corruptíveis, ainda que não haja ladrão que os furte, eles mesmos se nos roubam, porque as roupas, por preciosas que sejam, come-as a polilha, que nasce das mesmas roupas, e os metais, ainda que sejam ouro e prata, rói-os a ferrugem, que nasce dos mesmos metais. Porém, os bens do céu, que são incorruptíveis, nem deles se pode gerar vício de corrupção que os gaste, nem a lima surda do tempo, que tudo consome, lhe pode meter o dente, porque a sua dureza é como a sua duração, e são bens eternos.

("Sermão da segunda dominga da Quaresma")

O maior bem do bem, e a sua maior fortuna, é chegar a perder-se; para quem o possui é perda, para o mesmo bem é usura, porque perdido se conhece, e se lhe dá o lugar que merece; enquanto possuído, tinha pequeno e humilde lugar no coração, porque não era conhecido; depois de perdido, porque já se conhece, dá-lhe o coração muito maior e melhor lugar, isto é, igual ao seu merecimento, dignidade e grandeza.

(As cinco pedras da funda de Davi, "Discurso II")

C

CALÚNIA

Grande miséria é que não bastem os serviços, o amor e a verdade para conservar a graça dos príncipes e que baste a calúnia para se perder.
("Carta a Antônio Pais de Sande", Bahia, 22 de julho de 1684)

⁂

É uso do mundo dizer mal dos bons.
("Sermão da quinta dominga da Quaresma" [1654])

⁂

Não há inocência que esteja segura de um falso testemunho.
("Carta a d. Rodrigo de Meneses", Coimbra, 25 de agosto de 1664)

CIÊNCIAS

Em todas as ciências, é certo que há muitos erros, dos quais nasce a diferença das opiniões; em todas as ciências, há muitas ignorâncias, as quais confessam todos os maiores letrados que não compreendem nem alcançam.

("Sermão de Todos os Santos" [1643])

COBIÇA

A diferença entre o cobiçoso e o avarento, é que o cobiçoso quer o dinheiro para gastar, o avarento quer o dinheiro para o guardar. O cobiçoso, ou seja liberal ou pródigo, contanto que não seja avarento, quer ter dinheiro para ter outras coisas; o avarento quer ter dinheiro só para ter; e como o cobiçoso usa do dinheiro como meio e instrumento para conseguir outros fins, e o avarento não tem outro fim em ter dinheiro, senão o ter, e faz do mesmo dinheiro o seu último fim, daqui se segue que o cobiçoso não é idólatra, e o avarento sim, porque o último fim natural e sobrenatural de todas as coisas é Deus, e quem tem, por último fim qualquer outra coisa que não seja Deus, é idólatra.

("Sermão da primeira dominga da Quaresma", na Igreja de S. Antônio dos Portugueses, em Roma)

Quanto o bem desejado está mais vizinho, tanto é maior o desejo.
("Sermão de Nossa Senhora do Ó" [1640])

COMER

A natureza fez o comer para o viver, e a gula fez o comer muito para o viver pouco.
("Sermão da quarta dominga depois da Páscoa")

Lançai os olhos por todo o mundo, e vereis que todo ele se vem a resolver em buscar o pão para a boca. Que faz o lavrador na terra, cortando-a com o arado, cavando, regando, mondando, semeando? Busca pão. Que faz o soldado na campanha, carregado de ferro, vigiando, pelejando, derramando sangue? Busca pão. Que faz o navegante no mar, içando, amainando, sondando, lutando com as ondas e com os ventos? Busca pão. O mercador, nas casas de contratação, passando letras, ajustando contas, formando companhias? O estudante nas Universidades, tomando postilas, revolvendo livros, queimando as pestanas? O requerente nos tribunais, pedindo, alegando, replicando, dando, prometendo, anulando? Busca pão. Em buscar pão se resolve tudo, e tudo se aplica a o buscar. Os pobres dão pelo pão o trabalho, os ricos dão pelo pão a fazenda; os de espíritos generosos dão pelo pão a vida, os de espíritos baixos dão pelo pão a honra, os de nenhum espírito dão pelo pão a alma; e nenhum homem há que não dê pelo pão e ao pão todo o seu cuidado.
("Sermão da quarta dominga da Quaresma" [1657])

CONSELHO

A melhor e a pior coisa que há no mundo, qual será? A melhor e a pior coisa que há no mundo, é o conselho. Se é bom, é o maior bem; se é mau, é o pior mal.
("Sermão da sexta sexta-feira de Quaresma" [1662])

CONSERVAÇÃO

É verdade que muitas vezes tem maiores dificuldades o conservar que o fazer; mas, quem se gloria da feitura, não deve recusar o peso da conservação.
("Sermão de Santo Antônio" [1642])

CONVERSAÇÃO

Não é muito mais aprazível a conversação dos doutos, dos eruditos, dos discretos? Para Deus, não. Esses falam muito e ouvem pouco; os simples falam pouco e ouvem muito. Esses ouvem-se a si, e Deus quer quem o ouça a ele. Por isso gosta da conversação dos simples.
(Maria Rosa Mística, "Sermão III")

CORAÇÃO

Muitos não têm o seu coração dentro em si, senão fora de si, e muito longe. Fora de si, porque não cuidam em si, e muito longe de si, porque todos seus cuidados andam só atentos e aplicados às coisas temporais e mundanas, que amam. – Donde vem que, assim divertidos e esquecidos do que só importa, não podem conceber o fogo divino, que de frios os aquente, de duros os abrande e de cegos os alumie, que são os dois efeitos da meditação.

(Maria Rosa Mística, "Sermão III")

⁂

Os pensamentos são espelhos dos corações.

(Voz primeira obsequiosa, "Sermão das exéquias do Sereníssimo Infante de Portugal d. Duarte...")

⁂

A verdadeira penitência não consiste em rasgar e mudar os vestidos, senão em mudar e rasgar o coração.

(Maria Rosa Mística, "Sermão VI")

⁂

Assim como o coração é a fonte da vida, assim é também a fonte da santidade; e assim como basta o coração para viver, ainda que faltem outros membros e sentidos, assim, e muito mais, basta a pureza de coração para ser santo, ainda que tudo o mais falte.
("Sermão de Todos os Santos" [1643])

⁂

Nos grandes casos se veem os grandes corações.
("Sermão da sexta sexta-feira de Quaresma" [1662])

⁂

É o coração humano tão generoso, que não se rende senão a seu igual, nem há outro interesse, força ou arte com que se possa conquistar, senão amando.
("Sermão da primeira sexta-feira da Quaresma" [1644])

COSTUMES

A pior cousa que têm os maus costumes é serem costumes: ainda é pior que serem maus.
("Carta ao padre André Fernandes", Maranhão, 4 de abril de 1654)

CURIOSIDADES

Como é inclinação natural no homem apetecer o proibido e anelar ao negado, sempre o apetite e curiosidade humana está batendo às portas deste segredo, ignorando sem moléstia muitas cousas das que são, e afetando impaciente a ciência das que hão de ser.

(*História do futuro...* [1718])

D

DESEJO

Quanto o bem desejado está mais vizinho, tanto é maior o desejo.
("Sermão de Nossa Senhora do Ó" [1640])

DESPACHOS

A enfermidade mais geral de que adoecem as cortes, e a dor e o achaque de que todos comumente se queixam, é de mal despachados. Em alguns se queixa o merecimento, em outros a necessidade, em muitos a própria estimação, e em todos o costume. O benemérito chama-lhe sem-razão, o necessitado diz que é crueldade, o presumido toma-o por agravo, e o mais modesto dá-lhe nome de desgraça e pouca ventura.
("Sermão da terceira quarta-feira da Quaresma" [1669])

Não há palavra mais equívoca, nem advérbio de mais duvidosa significação, que o logo em matéria de despachos. Apenas há remissão que não desça comum logo, e quase não há consulta que não suba dois logos, e alguma com três. Mas estes logos quão são longos são, quando tardam, e quando duram! Há logo de dois anos e de quatro, e de dez, e de toda a vida. Estais despachado para a Índia, sobem vossos papéis com três logos, dispara a capitânea peça de leva, cortam-se as amarras, embarcai-vos, e que vos sucede? Estivestes parado muitos dias nas calmas Guiné, destes volta ao Cabo de Boa Esperança, invernastes em Moçambique, passastes duas vezes a linha, chegais finalmente a Goa a cabo de um ano e meio, e os logos ainda não chegaram. Se lá morrestes, chegarão para o dia do juízo, e se tornastes daí a oito ou dez anos, ainda os logos estão lá em cima, ou não há já memória donde estejam. E isto é o que significavam aqueles logos. Muitas vezes me pus a considerar que quer dizer logo. Logo? Porque se o primeiro logo significa logo, o segundo, que significação tem? Parece que um logo sobre outro logo, é como um não sobre outro não. Um não sobre outro não quer dizer sim; e um logo sobre outro logo, muitas vezes quer dizer nunca, e quase sempre, tarde. Isto, porém, se entende quando os logos são para remunerar e premiar beneméritos, que quando são para os destruir e aniquilar, um logo, e dois, e três, todos voam.

("Sermão da bula da S. Cruzada" [1647])

⁂

Antigamente estavam os ministros às portas das cidades; agora estão as cidades às portas dos ministros. Tanto coche, tanta liteira, tanto cavalo, que os de a pé não fazem conto, nem deles se faz conta. As portas, os pátios, as ruas rebentando de gente, e o ministro encantado, sem se saber se está em casa, ou se o há no mundo, sendo necessária muita valia só para alcançar de um criado a revelação deste mistério. Uns batem, outros não se atrevem a bater; todos a esperar, e todos a desesperar. Sai finalmente o ministro quatro horas depois do sol, aparece e desaparece de corrida, olham os requerentes para o céu, e uns para os outros, aparta-se desconsolada a cidade que esperava junta. E quando haverá outro quando? E que vivam e obrem com esta inumanidade homens que se confessam, quando procediam com tanta razão homens sem fé nem sacramentos? Aqueles ministros, ainda quando despachavam mal os seus requerentes, faziam-lhes três mercês: poupavam-lhes o tempo, poupavam-lhes o dinheiro, poupavam-lhes as passadas. Os nossos ministros, ainda quando vos despacham bem, fazem-vos os mesmos três danos: o do dinheiro, porque o gastais, o do tempo, porque o perdeis, o das passadas, porque as multiplicais. E estas passadas, e este tempo, e este dinheiro, quem os há de restituir? Quem há de restituir o dinheiro a quem gasta o dinheiro que não tem? Quem há de restituir as passadas a quem dá as passadas que não pode? Quem há de restituir o tempo a quem perde o tempo que havia mister? Oh! tempo tão precioso e tão perdido! Dilata o julgador oito meses a demanda, que se pudera concluir em oito dias; dilata o ministro oito anos o requerimento, que se devera acabar em oito horas. E o sangue do soldado, as lágrimas do órfão, a pobreza da viúva, a aflição, a confusão, a desesperação de tantos miseráveis? Cristo disse que o que se faz a estes, se faz a ele.

("Sermão da terceira dominga da Quaresma" [1655])

DIFICULDADES

Eu antes quero grandes dificuldades que as pequenas, porque as pequenas correm por minha conta, as grandes por conta de Deus.
("Sermão da ressurreição de Cristo [1658])

⁂

É verdade que muitas vezes tem maiores dificuldades o conservar que o fazer; mas, quem se gloria da feitura, não deve recusar o peso da conservação.
("Sermão de Santo Antônio" [1642])

⁂

O mundo remido, e descontentes tantos? Não vos espanteis, que nem eu me espanto. Sabeis por quê? Porque é muito mais dificultoso o contentar que o remir.
("Sermão da primeira oitava da Páscoa" [1647])

DINHEIRO

Sem dinheiro se não há-de fazer cousa alguma; se com ele se há-de fazer ou não, é contingente.
("Carta ao marquês de Nisa", Haia, 1º de junho de 1648)

⁂

Talentos antigamente significavam certa soma de dinheiro, grande; hoje os talentos significam préstimos, e, posto que se lhes mudou a significação, não se variou o significado. Quem tem muito dinheiro, por mais inepto que seja, tem talentos e préstimos para tudo; quem o não tem, por mais talentos que tenha, não presta para nada.
(Maria Rosa Mística, "Sermão XIII")

DIZER

Não só a inteligência, senão a mesma grandeza e energia das coisas que se dizem, depende muito do modo com que se dizem.
(Maria Rosa Mística, "Sermão II")

⁂

As palavras pronunciadas passam, as escritas permanecem; as pronunciadas entram pelos ouvidos, as escritas pelos olhos.
("Sermão no sábado quarto da Quaresma" [1652])

⁂

Não basta que as coisas que se dizem sejam grandes, se quem as diz não é grande.
(Maria Rosa Mística, "Sermão IV")

⁂

Pouco [...] são e valem as palavras, quando quem as pronuncia não entende o sentido delas.
(Maria Rosa Mística, "Sermão XXII")

DOR

A dor, quando é grande, sempre arrasta o afeto, e o acerto das palavras é descrédito da mesma dor.
("Sermão pelo bom sucesso das armas de Portugal contra as de Holanda" [1640])

⁂

Grande dor em grande coração, não a digere o tempo.
("Sermão nas exéquias da Rainha N. S. D. Maria Isabel de Saboia..." [1684])

⁂

Quando as dores são iguais, sentem-se todas; quando uma é maior suspende as outras.
("Sermão da quarta dominga do Advento")

E

ELEIÇÃO

Em nenhuma coisa se vê tanto o acerto da eleição como naquilo que, acertado uma vez, não pode ter mudança ou, errado uma vez, não pode ter emenda.

("Sermão nas exéquias da S. D. Maria de Ataíde" [1649])

*

Nenhum negócio mais deve tirar o sono a um príncipe, nenhum o deve desvelar mais que a eleição dos grandes ministros, porque desta eleição dependem todas as eleições, todas as resoluções, todas as execuções, e todo o bom governo e felicidade da república. Aqui se faz, ou se desfaz tudo.

("Sermão para o dia de São Bartolomeu", em Roma, na ocasião de promoção de cardeais)

*

Não há coisa mais difícil que eleger um homem a outro homem, porque, ou o conhece, ou não. Se o não conhece, elege às cegas; e se o conhece, também: porque, se o conhece, ou o ama ou o aborrece, e tão cego é o amor como o ódio. Mas é certo que, com a paixão, ou ainda sem ela, nenhum homem conhece a outro.

("Sermão para o dia de São Bartolomeu", em Roma, na ocasião de promoção de Cardeais)

⁂

Que razão há para se elegerem não só os bons, senão os melhores, e ainda dos melhores, os que forem ou o que for melhor? A razão é porque o que elege não só é obrigado a procurar o bem público, senão o maior bem. Por isso não deve eleger nem o mau, nem o bom, senão o melhor. O mau não, porque este fará mal; o bom também não, porque este fará menos bem; o melhor, e só o melhor sim, porque este fará melhor. Entre o bom e o melhor há a mesma diferença que entre o menos e o mais; e deste mais de bem, que acresce sobre o menos de bem, não deve privar a república ou a Igreja àquele que é obrigado a lhe procurar o seu maior bem. Há-se de pôr em balança o menos e o mais, e assim se hão de fazer as eleições. O melhor, que pode servir mais à Igreja, eleito; o que a pode servir menos, ainda que bom, excluído.

("Sermão para o dia de São Bartolomeu", em Roma, na ocasião de promoção de cardeais)

Por que acha mais a vontade, sendo cega, que o entendimento, sendo lince? Porque o entendimento acha o que há: a vontade acha o que quer. Conforme a vontade quer, assim acha.

("Sermão da segunda dominga do Advento")

⁂

Os outros membros são instrumentos do corpo; a língua é instrumento da alma, como intérprete do entendimento.

("Sermão da exaltação da Santa Cruz" [1645])

⁂

Cada um sente como entende.

(Voz Primeira Obsequiosa, "Sermão das exéquias do Sereníssimo Infante de Portugal d. Duarte...")

⁂

Para aprender, não basta só ouvir por fora: é necessário entender por dentro. Se a luz de dentro é muita, aprende-se muito; se pouca, pouco; se nenhuma, nada.

("Sermão do Espírito Santo", pregado da cidade de S. Luís do Maranhão, na Igreja da Companhia de Jesus, em ocasião que partia ao Rio das Amazonas uma grande missão dos mesmos religiosos)

⁂

Entender muito e viver muito, ou no entendimento é engano, ou na vida milagre. A razão disto a meu juízo deve ser porque cada um sente como entende. Quem entende muito não pode sentir pouco, e quem sente muito não pode viver muito. O homem é vivente, sensitivo e racional: o racional apura o sensitivo, e o sensitivo apurado destrói o vivente.

("Sermão nas exéquias da S. D. Maria de Ataíde" [1649])

As batalhas mais invencíveis são as do entendimento; porque onde as feridas não tiram sangue nem a fraqueza se vê pela cor nenhum sábio se confessa vencido.

("Sermão de Santa Catarina")

ESCREVER

Nas matérias grandes, o atrever-se a escrever é engrandecer a pena; não se atrever a escrever é engrandecer a matéria.

("Sermão de Nossa Senhora de Penha de França" [1652])

O escrever foi inventado para remédio da ausência e da memória. O secretário escrevia as cartas para os ausentes, e o historiador escrevia as memórias para os futuros.

("Sermão da sexta sexta-feira de Quaresma" [1662])

As palavras pronunciadas passam, as escritas permanecem; as pronunciadas entram pelos ouvidos, as escritas pelos olhos.
("Sermão no sábado quarto da Quaresma" [1652])

ESMOLA

O merecimento da esmola não consiste em que o comam aqueles para quem a dais, senão em que vós a deis para que eles a comam. E isto é a que se verifica na esmola da bula, em qualquer acontecimento. Pode acontecer que a não comam, nem se sustentem com ela os soldados para que está aplicada. E pode também acontecer que em parte não haja tais soldados, porque há praças fantásticas. Mas, ainda que a praça e o soldado seja fantástico, a esmola que se dá para seu sustento sempre é verdadeira, e o merecimento, certo.
("Sermão da bula da S. Cruzada" [1647])

ESPERANÇA

As esperanças que tardam tiram a vida; as esperanças que vêm, não só não tiram a vida, mas acrescentam os dias e os alentos dela.
(*História do futuro*... [1718])

Melhor é esperar em Deus que nos homens; mas bom é experimentar e conhecer também a estes, para que se não refiram as graças senão a quem se devem os benefícios.

("Carta ao marquês de Nisa", Haia, 20 de janeiro de 1648)

⁂

Melhor é esperar em Deus, que esperar nos príncipes. Por quê? Nem eu o digo nem vós o direis, porque é lei dos que esperam neles esperar, desesperar e calar.

(As cinco pedras da funda de Davi, "Discurso V")

⁂

Todo o homem é indigno de que outro homem espere nele.

("Sermão do Santíssimo Sacramento" [1669])

⁂

Ainda que seja muito segura, muito firme e muito bem fundada a esperança, é um tormento desesperado o esperar.

(*História do futuro*... [1718])

⁂

O esperar é o maior tormento, o ser esperado é o maior empenho. Não há maior tormento no mundo que o esperar, nem pode haver maior empenho no mundo que o ser esperado. Quem se sujeitou a esperar, sacrificou-se à maior pena; quem se sujeitou a ser esperado, arriscou-se à maior empresa.
("Sermão da primeira oitava da Páscoa" [1647])

*

A esperança é um afeto que do tempo faz eternidade.
(*As cinco pedras da funda de Davi*, "Discurso v")

EXPERIÊNCIA

Não basta ciência sem experiência, nem há vitória sem batalha, nem se peleja bem sem exercício.
("Sermão no sábado quarto da Quaresma" [1652])

*

Se vós não vistes o mar mais que no Tejo, se não vistes o mundo mais que no mapa, se não vistes a guerra mais que nos Panos de Tunes*,

* Possível alusão à tapeçaria em que foi retratada a Conquista de Tunes (ou Túnis) pelo imperador Carlos v (1500-1558), no ano de 1535. Foi um legado da Infanta D. Maria (1521-1577) ao seu sobrinho, o rei d. Sebastião (1544-1578). Os "Panos de Tunes" haviam sido mandados fazer em Flandres pela Infanta em homenagem ao seu irmão, o Infante D. Luís (1506-1555), e ao seu tio, o imperador Carlos v (Pereira, Esteves; Rodrigues, Guilherme.

como vos arrojais ao governo da guerra, do mar, do mundo?
("Sermão da terceira dominga da Quaresma" [1655])

Portugal – Dicionário histórico, corográfico, heráldico, biográfico, bibliográfico, numismático e artístico. Lisboa: João Romano Torres Editor, 1908, vol. IV. Disponível em: <http://www.arqnet.pt/dicionario/maria_inf7.html>. Acesso em: 30 maio 2011). Assim foram descritos por um contemporâneo do padre Vieira: "estava já a nossa Igreja armada com os panos de Tunes, em que de seda e ouro se veem as histórias das conquistas da Goleta e Tunes retratadas tão ao vivo que deixam atrás os delicados pincéis de Zeuxis e Timante" (S. Anna, Belchior de [Fr.]). *Chronica de carmelitas descalços, particular do reyno de Portugal e provincia de Sam Felipe*. Lisboa: Na Officina de Henrique Valente de Oliveira, 1657, t. I, pp. 600-601).

F

FAMA

A consciência é necessária para nós, e a fama para os outros, mas não só para os outros, senão também para nós, porque, se perdermos a fama, também perderemos a consciência.
("Sermão de Santa Iria" [1638])

⁂

A vida é um bem que morre: a honra e a fama é bem imortal; a vida, por larga que seja, tem os dias contados: a fama, por mais que conte anos e séculos, nunca lhe há de achar conto nem fim, porque os seus são eternos; a vida conserva-se em um só corpo, que é o próprio, o qual, por mais forte e robusto que seja, por fim se há de resolver em poucas cinzas: a fama vive nas almas, nos olhos e na boca de todos, lembrada nas memórias, falada nas línguas, escrita nos anais, esculpida nos mármores, e repetida sonoramente sempre nos ecos e trombetas da mesma fama. Em suma, a morte mata ou apressa o fim do que necessariamente há de morrer: a infâmia afronta, afeia, escurece e faz

abominável um ser imortal, menos cruel e mais piedosa seria se o pudera matar.
("Sermão de Santa Iria" [1638])

⁂

Perdida a honra e a fama, entra no seu lugar a afronta e a infâmia, e por estas não só brechas, mas portas abertas, se franqueia o passo livre a todas as maldades.
("Sermão de Santa Iria" [1638])

FELICIDADE

Não há felicidade sem companhia.
("Sermão de Nossa Senhora do Ó" [1640])

⁂

Em todo o tempo é dificultosa coisa segurar anos felizes, mas muito mais em tempo de guerras e em tempo de felicidades. Se o dia dos bens é véspera dos males, se para merecer uma desgraça basta ter sido ditoso, quem fará confiança em glórias presentes, para esperar prosperidades futuras? Se a campanha é uma mesa de jogo, onde se ganha e se perde, se as bandeiras vitoriosas mais firmes seguem e o vento vário que as meneia, quem se prometerá firmeza na guerra, que derruba muralhas de mármore?
("Sermão dos bons anos" [1641])

⁂

Só as felicidades que vêm por mão dos homens são inconstantes; mas as que vêm por mão de Deus são firmes, são permanentes.
("Sermão dos bons anos" [1641])

⁂

Maior felicidade é carecer do perigo de quem me derrube, que haver mister o socorro de quem me levante. Quanto mais que os que pedem e costumam derrubar são os muitos, e os grandes e os caídos, a quem estes derrubam, mais facilmente acharão uma lisonja que lhes ponha o pé em cima, que uma amizade constante e valorosa, que se atreva a lhes dar a mão.
("Sermão da quarta dominga da Quaresma" [1655])

⁂

Os que vulgarmente se reputam e chamam felizes tanto se enganam com a sua felicidade como com a sua vida: por isso amam a vida e temem a morte.
("Sermão da Quarta-Feira de Cinzas")

⁂

Os mais felizes reinos não são aqueles que têm as mais bem entendidas cabeças, senão aqueles que têm as mais bem entendidas mãos. Dos entendimentos das mãos é que se fazem os prudentes conselhos, ou quando menos nos entendimentos das mãos é que se qualificam de prudentes, porque os conselhos prudentes, que não passam do entendimento às mãos, fazem-se de prudentes néscios.
("Sermão da sexta sexta-feira de Quaresma" [1662])

FERIDAS

As feridas são os selos do valor, e o sangue, os esmaltes da vitória.
(Xavier dormindo, "Sonho terceiro")

⁂

As feridas são a gala e glória dos soldados como dos mártires: quanto mais feridos, mais retalhados e mais despedaçados, tanto mais valentes, mais honrados, mais famosos.
("Sermão da visitação de Nossa Senhora a Santa Isabel" [1638])

FILHOS

A maior glória de um pai é ser vencido de seu filho.
("Sermão da glória de Maria, mãe de Deus" [1644])

⁂

Posto que a dor do parto seja tão encarecida nas sagradas letras, ainda há outra maior. E qual é? A dor de não ter essa dor, a dor de não ter filhos. A dor de parto é dor da mãe; a dor de não ter filhos é dor da mãe e mais do pai, ou dos que o desejam ser, e não são. A dor do parto é dor de uma hora, a dor de não ter filhos é dor de toda a vida; antes, na mesma morte é maior dor, porque hão de deixar por força os bens, e não têm a quem os deixem. A dor do parto, como ponderou Cristo, é dor que se converte em alegria; a dor de não ter filhos é dor sem consolação, sem alívio, sem remédio. Finalmente, a dor do parto é dor com que pode a

vida; a dor de não ter filhos é dor que mata.
("Sermão gratulatório e panegírico na manhã de dia de Reis..." [1669])

⁂

Para todos os que sois pais e mães, não hei mister maior nem melhor prova do que digo que os vossos próprios afetos e o ditame natural dos vossos corações. Dizei-me: se houvera neste mundo uma dignidade, uma honra, uma glória maior que todas, e se pusera na vossa eleição, e na vossa escolha querê-la para vós ou para vosso filho, para quem a havíeis de querer? Não há dúvida que para vosso filho.
("Sermão da glória de Maria, mãe de Deus" [1644])

⁂

Nos filhos naturais não se satisfaz muitas vezes o desejo, porque, ainda que são partos da natureza, dá-os a fortuna; nos adotivos sempre o acerto e a satisfação é segura, porque são filhos da eleição e partos do juízo.
("Sermão de Nossa Senhora do Carmo" [1659])

⁂

Quando os filhos vencem os pais, e se ostentam maiores que eles, felizes são os que vencem, e felizes os vencidos, mas muito mais felizes os pais vencidos que os filhos vencedores, porque não pode haver maior gosto nem maior glória para um pai, que ver-se vencido de seu filho. Grande glória é do filho que vença ao pai que lhe deu o ser; mas muito maior glória é do mesmo pai ver que deu o ser a um tal filho, que o vença a ele.
("Sermão da glória de Maria, mãe de Deus" [1644])

⁂

Não perecerem nem morrerem os filhos quando perecem e morrem os pais é coisa muito natural, antes é lei ordinária da mesma natureza, porque, se com os pais morrerem juntamente os filhos, acabar-se-ia o mundo.
(Maria Rosa Mística, "Sermão XIV" [1633])

Deus conhece aqueles a quem dá o ser; os homens, ainda que lho dessem, não os conhecem. Conhecem os filhos depois de nascidos, mas antes de gerados não; e quem me faz o benefício sem me conhecer, não mo faz a mim, pouco lhe devo; não foi eleição, foi caso. Tanto assim que por isso nascem a muitos pais tais filhos que antes tomaram que não fossem seus.
(Maria Rosa Mística, "Sermão II")

Os pais, tudo quanto têm e tudo quanto podem, dão a seus filhos, e mais, se são primogênitos e únicos.
("Sermão de Todos os Santos" [1643])

Os pais estimam mais os bens dos filhos que os seus próprios, e os logram e gozam mais neles que em si mesmos.
("Sermão da glória de Maria, mãe de Deus" [1644])

Entre os que nasceram dos mesmos pais é mais natural a discórdia. Da mesma fonte nascem os rios do Paraíso*, e nenhum faz companhia com outro: cada um segue diferente carreira, não só divididos, mas apostos. E se isto se acha na fineza da água, que será no calor do sangue?
("Sermão da terceira quarta-feira da Quaresma" [1651])

FOME

Não há vício nem maldade que a fome não persuada, nem torpeza ou infâmia que a necessidade e pobreza não facilite.
(Maria Rosa Mística, "Sermão XXIII")

FORTUNA

Não há fortuna que não traga consigo o desconhecimento. Se é próspera, desconheceis-vos; se é adversa, desconhecem-vos. E se a fortuna é tão enganosa que os homens se desconheçam a si, que muito que seja tão injusta, que os outros os desconheçam a eles?
("Sermão de São Roque" [1659])

---

* Gênesis, 2, 10-14: "Um rio saía do Éden para regar o jardim e de lá se dividia formando quatro braços. O primeiro chama-se Fison; rodeia a terra de Hévila, onde há ouro; é puro o ouro dessa terra na qual se encontram o bdélio e a pedra de ônix. O segundo rio chama-se Geon: rodeia toda a terra de Cuch. O terceiro rio se chama Tigre: corre pelo oriente da Assíria. O quarto rio é o Eufrates".

A fortuna [...] só é forte com as armas que nós lhe damos.
("Sermão da dominga décima sexta *post Pentecostem*")

⁂

Ó fortuna! E que mal considera a cegueira humana as voltas da tua roda? Virá tempo, e não tardará muito, em que esta roda dê volta, e então se verá, qual é melhor fortuna, se a vil e desprezada dos escravos, ou a nobre e honrada dos senhores.
(Maria Rosa Mística, "Sermão xx")

⁂

As estrelas, que mudam os lugares, bem podem mudar ventura.
("Carta ao marquês de Gouveia", Roma, 4 de junho de 1672)

⁂

Quem se não quiser enganar com as lisonjas da Fortuna próspera, olhe para a roda. Nela, e do mesmo barro faz Deus reinos e desfaz reinos; desfaz Jerusaléns e acrescenta Babilônias; cativa os livres e restitui a liberdade aos cativos. Assim o fez a benignidade divina, dando outra volta à roda, e restituindo os cativos de Babilônia a liberdade, de que poucos já se lembravam, no fim de setenta anos.
("Sermão de Santa Catarina")

⁂

Não são os senhores, os que vivem descansados e em delícias, e os escravos em perpétua aflição e trabalhos? Os senhores vestindo holandas e rasgando sedas, e os escravos nus e despidos? Os senhores em banquetes e regalos, e os escravos morrendo à fome? Que muito, logo, que acabada a comédia desta vida, a fortuna troque as mãos, e que os que neste mundo lograram os bens, no outro padeçam os males, e os que agora padecem os males, depois também eles vão lograr os bens? E se alguém me disser que os escravos, que nesta vida padecem os males, também têm pecados, e os senhores, que logram os bens, também têm boas obras, respondo, que tais podem ser as boas obras de uns, e os muitos pecados dos outros, que uns e outros sejam a exceção desta regra.

(Maria Rosa Mística, "Sermão xx")

⁂

Volta-se o mesmo mundo em perpétua roda, a uns derruba, a outros levanta, uns crescem até as nuvens, outros descem até os abismos, e só o só, que está fora da jurisdição da fortuna, nem à próspera tem inveja, nem da adversa tem medo, porque só o seu estado é incapaz de mudança.

("Sermão da quarta dominga da Quaresma" [1655])

⁂

Dificultosa coisa parece que a fortuna faça mudar as feições, mas ainda mal, porque tão provada está esta verdade na experiência de cada dia! Melhorou de fortuna o vosso maior amigo, e ao outro dia já vos olha com outros olhos, já vos ouve com outros ouvidos, já vos fala com outra linguagem: o que ontem era amor, hoje é autoridade; o que ontem era rosto, hoje é semblante. Pois, meu amigo, que mudança é esta? Quem vos trocou as feições? Que é daqueles olhos benévolos com que me víeis? Que é daqueles ouvidos atentos com que me escutáveis? Que é daquele bom rosto com que nos víamos sempre? O que mudou de fortuna, claro está que havia de mudar de feições.

("Sermão de São Roque" [1659])

⁂

Toda a fortuna tem jurisdição no amor: se é adversa, ninguém vos ama; se é próspera, a ninguém amais.

("Sermão de Santa Teresa e do Santíssimo Sacramento" [1644])

G

GRAÇA

Todas as vezes que considero a facilidade com que os homens perdem a graça de Deus, o esquecimento dela com que vivem, e ainda o descuido com que morrem, não acho outra causa a esta cegueira senão a falta do verdadeiro conhecimento, e não chegarem os homens a pesar que coisa é a graça de Deus. A graça de Deus é espiritual; nós somos carne; a graça é sobrenatural; nós em tudo seguimos a natureza; a graça não se vê, não se ouve, não se apalpa; nós não sabemos perceber senão o que entra pelos sentidos. Daqui vem que não pesamos a graça, nem a conhecemos, nem a percebemos, nem ainda a podemos, nem sabemos pesar como convém.
("Sermão de Nossa Senhora da Graça" [1651])

⁂

A graça dos príncipes não vos pregarei eu, que não é muito pesada e muito contrapesada, mas é de muito pouco peso. Seja esta a primeira diferença entre a graça de Deus e a graça dos reis. A graça de Deus é a coisa de maior peso, e não é pesada; a graça dos reis é uma coisa que pesa muito pouco, e é pesadíssima. A graça dos reis, para se conservar, quantos cuidados custa? A graça de Deus é um descuido de tudo o mais, e só a podem ofender outros cuidados. A graça dos reis é um alvo a que se tiram todas as setas; a graça de Deus é um escudo que nos repara de todas. A graça dos reis muitas vezes é conveniência, outras necessidade, algumas gosto, e sempre tem poucos quilates de vontade; a graça de Deus, como Deus, não depende, nem há mister, toda é amor. A graça dos reis, por muito que levante ao valido, sempre o deixa na esfera de vassalo; a graça de Deus sobe o homem à familiaridade de amigo, à dignidade de filho, e à semelhança de si mesmo. A graça dos reis não vos dá parte da coroa; a graça de Deus é participação de sua divindade. A graça dos reis, ainda que deis o sangue por eles, não basta para a alcançardes; a graça de Deus, deu Deus o sangue por vós, só para vo-la dar. A graça dos reis, se é grande, é de um só: se é de mais que de um, é pouca e de poucos; a graça de Deus é de todos os que a querem: põe-lhe a medida o amor, e não a diminui a companhia. A graça dos reis nem é para perto, nem para longe, porque de perto enfastiais, de longe esqueceis; a graça de Deus nunca tem longes, e quanto estais mais perto de Deus, tanto estais mais seguro na sua graça. A graça dos reis é data da fortuna; a graça de Deus é prêmio do merecimento, e esta só propriedade, quando não houvera outra, bastava para a fazer de suma estima. A graça dos reis, ainda que façais pela merecer, nem por isso a conseguis, antes muitas vezes a logram mais os que a merecem menos; a graça de Deus, se fizerdes pela merecer, não vo-la pode Deus negar. A graça dos reis, para ser mudável, basta fundar-se em vontade humana: mas funda-se em vontades coroadas, que, como são as mais livres, são também as mais indiferentes, por não dizer, as mais inconstantes; a graça de Deus funda-se em vontade divina, que, como não pode errar a eleição, não pode mudar o afeto. A graça dos reis poucas vezes dura tanto como a vida do valido, e quando dura quanto pode, acaba com a vida do rei; a graça de Deus cresce na vida e confirma-se na morte: da parte do homem, é imortal, porque se funda na alma; da parte de Deus, é eterna, porque é graça de Deus. A graça dos reis, dizem que é uma grande altura; a graça de Deus é certo que é posto muito mais alto, e ainda que ambas estão juntas aos precipícios, da graça de Deus podeis cair, da graça dos reis podem-vos derrubar. A graça dos reis, pode-vo-la tirar a calúnia; a graça de Deus, só vo-la pode tirar a culpa. Da graça e da privança do rei pode-vos tirar o rei todas as vezes que quiser; a graça e a privança de Deus, nem o mesmo Deus vo-la pode tirar sem vós quererdes, e, se quiserdes, será muito a seu desprazer. A graça dos reis, depois de perdida, não se recupera com rogos; a graça de Deus, se a perdeis, o mesmo Deus vos roga que torneis a ela. Depois de perdida a graça dos reis, fica o pesar sem remédio; depois de perdida a graça de Deus, não é necessário outro remédio mais que o pesar: pesou-vos, estais outra vez na graça. A graça dos reis, dá-se aos ditosos, de que depois se hão de fazer os arrependidos; a graça de Deus dá-se aos arrependidos, que desde logo começam a ser ditosos; a ambas as graças anda junto o arrependimento, mas a dos reis tem-no depois, a de Deus antes. A graça dos reis é graça sem sacramentos; a graça de Deus tem sete: tem Batismo para o inocente, e tem Penitência para o culpado; tem Confirmação para a vida, e tem Extrema-Unção para a morte; tem Ordem para o eclesiástico, e tem Matrimônio para o leigo; e finalmente tem Comunhão para todos. Sete portas nos deixou abertas Deus para entrarmos à sua graça, e nenhum dos que entram por elas as pode fechar ao outro. Só em uma coisa se parece a graça de Deus com a dos reis, e é que ambas mudam os homens: uns e outros não são os que dantes eram, mas com esta diferença: os que se veem na graça dos reis, esquecem-se do que foram, e também se esquecem do

que podem vir a ser; e os que andam na graça de Deus, de nenhuma coisa se lembram, senão do que hão de vir a ser, e nenhuma coisa lhes dá pena, senão a lembrança do que foram. Finalmente a graça dos reis não pode dar Paraíso: tirá-lo sim; a graça de Deus é a que só dá o Paraíso, e só a falta dela o Inferno.
("Sermão de Nossa Senhora da Graça" [1651])

⁂

Grande miséria é que não bastem os serviços, o amor e a verdade para conservar a graça dos príncipes e que baste a calúnia para se perder.
("Carta a Antônio Pais de Sande", Bahia, 22 de julho de 1684)

⁂

Não há coisa menos segura que a graça dos príncipes nem mais fácil no supremo poder que trocar as mãos.
("Sermão da terceira quarta-feira da Quaresma" [1651])

⁂

As graças dos reis da terra, sendo por merecimentos nossos, dependem de muitos ministros; as do Rei do céu, sendo por merecimentos seus, dependem de um só.
("Sermão da bula da S. Cruzada" [1647])

GUERRA

Todas as guerras deste mundo se fazem a fim de conseguir a paz.
("Sermão da segunda oitava da Páscoa")

⁂

A paz há de ser sempre voluntária, e a guerra forçada; só a necessidade há de obrigar à guerra, mas a vontade sempre há de desejar a paz.
(Maria Rosa Mística, "Sermão XII" [1639])

⁂

A mais perigosa consequência da guerra, e a que mais se deve recear nas batalhas, é a opinião. Na perda de uma batalha arrisca-se um exército, na perda da opinião arrisca-se um reino.
("Sermão pelo bom sucesso de nossas armas" [1645])

⁂

Multidão desordenada é confusão; com ordem, é exército. Desordenada serve só de levar despojos ao inimigo; com ordem, na mesma ordem, e em si, leva já segura a vitória.
("Sermão da quarta dominga da Quaresma" [1633])

⁂

O soldado antes quer morrer que fugir, porque teme mais a vergonha que a morte: a morte menos, porque lhe tira a vida; a vergonha mais, porque lhe tira a honra.
(As cinco pedras da funda de Davi, "Discurso III")

⁂

O morrer na guerra pode ser e comumente é honra, mas o fugir sempre é afronta.
("Sermão de Santo Antônio")

H

HIPOCRISIA

A gente pior, e mais vil, e mais mofina do mundo são os hipócritas, e também as hipócritas: por quê? Porque padecem o trabalhoso da virtude, e perdem o meritório. Mas nisso mesmo nos provam e nos ensinam quão poderoso é, mais que tudo na natureza humana, ainda depravada, o amor da opinião e da honra.
("Sermão de Santa Iria" [1638])

HOMEM

Dentro em cada um de nós, como de inimigos contra inimigos, se faz esta guerra, se dão estes combates, e vence ou é vencida uma das partes. O homem não é uma só substância, como o anjo, mas composto de duas totalmente opostas, corpo e alma, carne e espírito, e estes são os que entre si se fazem a guerra.
("Sermão da Quarta-Feira de Cinzas")

Sabeis por que andamos tão vangloriosos e tão desvanecidos de nós mesmos? Porque trazemos os olhos por fora, e a nós por dentro: porque não nos vemos. Se nos víramos interiormente como somos, se consideráramos bem a deformidade de nossos pecados, oh! que diferente conceito havíamos de formar de nós! Tão desvanecidos de ilustres, tão desvanecidos de senhores, tão desvanecidos de poderosos, tão desvanecidos de discretos, tão desvanecidos de gentis-homens, tão desvanecidos de sábios, tão desvanecidos de valentes, tão desvanecidos de tudo: por quê? Porque vos não vedes por dentro. Dizei-me vós se uma vez pusésseis bem os olhos em vossos pecados, oh! como havíeis de emendar todos estes epítetos!
("Sermão da quarta dominga do Advento")

⁂

Ouvi uma verdade de Sêneca*, que, por ser de um gentio, folgo de a repetir muitas vezes. *Nihil est homini se ipso vilius***: Não há coisa para conosco mais vil que nós mesmos. Revolvei a vossa casa, buscai a coisa mais vil de toda ela, e achareis que é vossa própria alma.
("Sermão da primeira dominga da Quaresma" [1653])

⁂

---

* Lúcio Aneu Sêneca (4 a.C.–65 d.C.), filósofo e dramaturgo latino, cujo pensamento estoico teve muita influência na Europa dos séculos XVI e XVII.

** Possivelmente, alusão à carta 42, Livro V, das *Cartas a Lucílio*: "nihil est cuique se vilius" (em português: "a nada damos menos valor que a nós próprios". Sêneca, *Cartas a Lucílio*. Trad. J. A. Segurado e Campos. Lisboa: Fundação Calouste Gulbenkian, 1991, p. 147).

Não estão os tempos mais que para fugir dos olhos e da memória dos homens.

("Carta a Duarte Ribeiro de Macedo", Lisboa, 14 de março de 1679)

⁂

Somos os homens tão protervos, que nem por bem, nem por mal pode Deus conosco: os castigos não nos emendam, as misericórdias não nos abrandam.

("Sermão de dia de Ramos" [1656])

⁂

Nenhuma coisa trazemos os homens mais esquecida e desconhecida, nenhuma trazemos mais detrás de nós que a nós mesmos.

("Sermão da quarta dominga do Advento")

⁂

Qual será logo no homem o limpo conhecimento de si mesmo? Digo que é conhecer e persuadir-se cada um que ele é a sua alma. O pó, o lodo, o corpo, não é meu; eu sou a minha alma: este é o verdadeiro, o limpo e o heroico conhecimento de si mesmo: o heroico, porque se conhece o homem pela parte mais sublime; o limpo, porque se separa totalmente de tudo o que é terra; o verdadeiro, porque, ainda que o homem verdadeiramente é composto de corpo e alma, quem se conhece pela parte do corpo ignora-se, e só quem se conhece pela parte da alma se conhece.

(As cinco pedras da funda de Davi, "Discurso I")

⁂

Nesta máquina do mundo, entrando também nela o céu, as estrelas têm seu curso ordenado, que não pervertem jamais; o sol tem seus limites e trópicos, fora dos quais não passa; o mar, com ser um monstro indômito, em chegando às areias, para; as árvores, onde as põem, não se mudam; os peixes contentam-se com o mar, as aves com o ar, os outros animais com a terra. Pelo contrário, o homem, monstro ou quimera de todos os elementos, em nenhum lugar para, com nenhuma fortuna se contenta, nenhuma ambição nem apetite o farta: tudo perturba, tudo perverte, tudo excede, tudo confunde e, como é maior que o mundo, não cabe nele.

("Sermão de São Roque" [1652])

⁂

Os homens, quando testemunham de si mesmos, uma coisa é o que são, a outra coisa é o que dizem. Ninguém há neste mundo que se descreva com sua definição: todos se enganam no gênero, e também nas diferenças. Que diferentes coisas são ordinariamente o que dizes de vós e o que sois! E o pior é que muitas vezes não somos coisas diferentes: Porque o que sois é nenhuma coisa, e o que dizes são infinitas coisas. Nesta matéria de vós quem sois, todo homem mente duas vezes: uma vez mente-se a si, e outra mente-nos a nós: mente-se a si porque sempre cuida mais do que é: e mente-nos a nós porque sempre diz mais do que cuida.

("Sermão da terceira dominga do Advento")

⁂

Muitas coisas neste mundo distinguem aos homens: distingue-os a vaidade entre pobres; distingue-os a política entre príncipes e vassalos; distingue-os a tirania entre livres e servos; distingue-os a religião

entre eclesiásticos e seculares; distingue-os a ciência entre doutos e idiotas; mas só a justiça de Deus no dia do Juízo acertará ao os distinguir bem, porque os dividirá em bons e maus. Nenhuma coisa tanto desejam os homens, como distinguir-se e extremar-se dos outros: o melhor e mais fácil modo para um homem se distinguir é o fazer-se bom. Distinguir-se pela nobreza do sangue, aos que a não tiveram de nascimento, custa-lhes tanto, que chegam muitas vezes a negar os pais; os que se querem distinguir pela sabedoria, vede quanto lhes custa de estudo; os que pela riqueza, quanto de perigos e trabalhos; só o distinguir-se pela bondade é fácil, proveitoso e breve: breve, porque se pode adquirir em um instante; fácil, porque basta um ato de contrição; proveitoso, porque só esta distinção serve nesta vida, e mais na outra; as outras distinções, quando muito, distinguir-vos-ão nesta vida; a da virtude e bondade é a que só com tanta glória vos há de distinguir dos maus no dia do Juízo.
(Voz ascética, "Comento ou homilia sobre o Evangelho da segunda-feira da primeira semana de Quaresma")

⁂

Abra os olhos o mundo, e não se contente com ver os homens por fora: penetre-os também, e considere-os por dentro, e achará que andam nele tão contrapesados os males com os bens que, ainda em comparação dos maiores, se pode pôr em balança se pesam mais os males.
("Sermão da segunda dominga da Quaresma")

⁂

Quando Cristo mandou pregar os Apóstolos pelo Mundo, disse-lhes desta maneira: *Euntes in mundum universum, praedicate* *omni creaturae**: "Ide, e pregai a toda a criatura". Como assim, Senhor? Os animais não são criaturas? As árvores não são criaturas? As pedras não são criaturas? Pois hão os Apóstolos de pregar às pedras? Hão-de pregar aos troncos? Hão-de pregar aos animais? Sim, diz S. Gregório, depois de S. Agostinho. Porque como os Apóstolos iam pregar a todas as nações do Mundo, muitas delas bárbaras e incultas, haviam de achar os homens degenerados em todas as espécies de criaturas: haviam de achar homens homens, haviam de achar homens brutos, haviam de achar homens troncos, haviam de achar homens pedras.

("Sermão da sexagésima" [1655])

⁂

A fortuna neste mundo fez infinitas separações e distinções entre os homens: de reis, imperadores, de duques, de marqueses, de condes, de nobres, de plebeus, de escravos; e, sendo tão miúda esta distinção, não é acertada. Os homens só os distingue a virtude, e não há reais que dois gêneros de gente neste mundo, bons e maus. Só o que está dentro de nós nos pode distinguir intrínseca e verdadeiramente, e este é o vício ou a virtude; tudo o mais são coisas que ficam de fora: podem mudar as aparências, mas não distinguir as pessoas.

(Voz Ascética, "Comento ou homilia sobre o Evangelho da segunda-feira da primeira semana de Quaresma")

⁂

* Marcos, 16, 15: "Ide por todo o mundo, proclamai o Evangelho a toda criatura".

Se vos saiu a sorte em branco, se vos não responderam como pedíeis, consolai-vos e aceitai este despacho como da mão de Deus, que só sabe o que vos convém. Os homens só fazem mercê quando dão; Deus não só faz mercê quando dá, senão também quando nega.
("Sermão da terceira quarta-feira da Quaresma" [1669])

*

Os homens são mais feras que as feras, e mais demônios que os mesmos demônios. Os demônios não têm carne nem sangue, porque são espíritos; as feras não têm entendimento nem vontade, porque se governam por instinto; e os homens são piores demônios que os demônios, porque são demônios com carne e sangue, e são piores feras que as feras, porque são feras com entendimento e vontade.
("Sermão da quarta dominga da Quaresma" [1655])

*

Já se não contentam os homens com fazer desumanidades, mas chegam a fazer desumanos, que é muito pior. Fazer desumanidades é ser cruel; fazer desumanos é não ser homem, antes ser o contrário de homem. Se víssemos que o sol, devendo alumiar, escurecia, e que o fogo, devendo aquentar, esfriava, e que um homem, em lugar de gerar homens, gerava tigres e serpentes, não seria uma horrenda monstruosidade? Pois isso é o que fazem os homens. Não só têm desumanado a sua, mas desumanam a humanidade daqueles que os tratam. Vede se é prudência fugir dos homens quem quiser conservar o ser de homem.
("Sermão da quarta dominga da Quaresma" [1655])

*

Quando Deus quer conservar, dá homens; quando dispõe o contrário, tira-os.
("Carta a Duarte Ribeiro de Macedo", Lisboa, 16 de maio de 1678)

Todo o homem é indigno de que outro homem espere nele.
("Sermão do Santíssimo Sacramento" [1669])

Não condeno, antes louvo muito aos peixes este seu retiro, e me parece que, se não fora natureza, era grande prudência. Peixes, quanto mais longe dos homens tanto melhor: trato e familiaridade com eles, Deus vos livre!
("Sermão de Santo Antônio" [1654])

HONRA

O soldado antes quer morrer que fugir, porque teme mais a vergonha que a morte: a morte menos, porque lhe tira a vida; a vergonha mais, porque lhe tira a honra.
(*As cinco pedras da funda de Davi*, "Discurso III")

O morrer na guerra pode ser e comumente é honra, mas o fugir sempre é afronta.
("Sermão de Santo Antônio")

⁘

Perdida a honra e a fama, entra no seu lugar a afronta e a infâmia, e por estas não só brechas, mas portas abertas, se franqueia o passo livre a todas as maldades.
("Sermão de Santa Iria" [1638])

HUMILDADE

O maior contrário, e o maior inimigo da virtude, é uma grande fortuna; e quanto maior figura, tanto maior inimigo. A humildade, o desprezo do mundo, a moderação, a abstinência, a pobreza voluntária, na outra gente, são simples virtudes; mas estas mesmas, com uma coroa na cabeça, com um cetro na mão, debaixo de um dossel, e assentadas em um trono, são dobradas virtudes, porque são virtudes juntas com seus contrários. A humildade, junta com a majestade, é dobrada humildade; a moderação, junta com o supremo poder, é dobrada moderação; o desprezo do mundo, junto com o mesmo mundo aos pés, é dobrado desprezo do mundo; a pobreza com a riqueza, a abstinência com a abundância, a mortificação com o regalo, a modéstia com a lisonja, é dobrada pobreza, é dobrada abstinência, é dobrada mortificação, é dobrada modéstia, porque é cada uma delas, não uma rosa entre os espinhos, mas uma sarça verde entre as chamas.
("Sermão da Rainha Santa Isabel" [1674])

⁘

O último lugar, merecido por distribuição alheia, pode ser afrontoso; tomado por eleição própria, é o mais honrado. Quem voluntariamente e por própria eleição escolhe o último lugar do mundo, esse só usa do mesmo mundo como senhor dele.

("Sermão da dominga décima sexta *post Pentecostem*")

I

IDADE

Os anos medem-se pela duração, a idade computa-se pela vida: bem podem logo morrer de cem anos, e ser meninos; porque cada um não é dos anos que dura, é dos anos que viveu.

(Voz quarta obsequiosa, "Sermão das exéquias do conde de Unhão d. Fernão Telles de Menezes...")

IGUALDADE

Triste e miserável condição é haver um homem de servir a outro, sendo todos iguais.

("Sermão de São Roque" [1652])

A baixeza do servo não é obra ou injúria da natureza, senão da fortuna. A natureza a todos os homens fez iguais: a fortuna é a que fez os altos, os baixos e os baixíssimos, quais são os servos.
("Sermão do mandato" [1655])

Deixem de ser o que são, para serem o que é necessário, e iguale a necessidade os que desigualou a fortuna.
("Sermão de Santo Antônio" [1642])

Nas batalhas de menor a maior, quando o menor iguala o maior, o igualar é vencer.
("Sermão do segundo mandato", no mesmo dia, pregado na Capela Real às três da tarde)

INCONSTÂNCIA

Só as felicidades que vêm por mão dos homens são inconstantes; mas as que vêm por mão de Deus são firmes, são permanentes.
("Sermão dos bons anos" [1641])

Não há coisa mais inconstante no mundo que os reinos, nem menos durável que sua glória e felicidade.
("Sermão da primeira dominga da Quaresma" [1655])

⁂

Não há coisa menos segura que a graça dos príncipes nem mais fácil no supremo poder que trocar as mãos.
("Sermão da terceira quarta-feira da Quaresma" [1651])

INGRATIDÃO

Os inimigos que mais temo a Portugal são soberba e ingratidão, vícios tão naturais da próspera fortuna, que, como filhos da víbora, juntamente nascem dela e a corrompem.
(*História do futuro...* [1718])

⁂

Se vossos feitos foram romanos, consolai-vos com Catão*, que não teve estátua no Capitólio. Vinham os estrangeiros a Roma, viam as estátuas daqueles varões famosos, e perguntavam pela de Catão. Esta pergunta era a maior estátua de todas. Aos outros pôs-lhes estátua o senado, a Catão o mundo. Deixai perguntar ao mundo e admirar-se de vos não ver premiado. Essa pergunta e essa admiração é o maior e melhor de todos os prêmios. O que vos deu a virtude,

---

* Marco Pórcio Catão, o Antigo (234-149 a.C.), também conhecido como o Censor, político romano.

não vo-lo pode tirar a inveja; o que vos deu a fama, não vo-lo pode tirar a ingratidão. Deixai-os ser ingratos, para que vós sejais mais glorioso. Um grande merecimento sobre uma grande ingratidão fica muito mais subido. Se não houvesse ingratidões, como haveria finezas? Não deis logo queixas ao desagradecimento: dai-lhe graças.
("Sermão da terceira quarta-feira da Quaresma" [1669])

*

Se esta havia de ser a paga e o fruto de nossos trabalhos, para que foi o trabalhar, para que foi o servir, para que foi o derramar tanto e tão ilustre sangue nestas conquistas? Para que abrimos os mares nunca dantes navegados? Para que descobrimos as regiões e os climas não conhecidos? Para que contrastamos os ventos e as tempestades com tanto arrojo, que apenas há baixio no oceano, que não esteja infamado com miserabilíssimos naufrágios de portugueses? E depois de tantos perigos, depois de tantas desgraças, depois de tantas e tão lastimosas mortes, ou nas praias desertas sem sepultura, ou sepultados nas entranhas dos alarves, das feras, dos peixes, que as terras que assim ganhamos, as hajamos de perder assim? Oh! quanto melhor nos fora nunca conseguir nem intentar tais empresas!
("Sermão pelo bom sucesso das armas de Portugal contra as de Holanda" [1640])

INIMIZADE

Há dois gêneros de inimigos: uns inimigos que nos querem mal, e nos fazem mal com ódio, e outros inimigos que nos querem mal, e nos fazem mal com amor. Os inimigos que nos querem e fazem mal com ódio, são os que Cristo nos manda amar, e estes todos sabemos quais são; os inimigos que nos querem e fazem mal com amor, são os que o mesmo Cristo nos manda aborrecer, e estes porventura não sabeis nem imaginais quais sejam, e agora o sabereis. Sabeis quem são estes inimigos? São todos aqueles que por sangue e parentesco mais ou menos estreito, ou por inclinação natural, ou por trato, ou por benefícios, ou por esperanças e dependências, ou por graças e prendas pessoais, ou por qualquer outro motivo de afeição vos amam desordenadamente.

("Sermão da primeira sexta-feira da Quaresma" [1644])

⁂

Quem são os amigos do uso, sem lhes fazermos agravo, senão amigos inimicíssimos, ou amicíssimos amigos? E, se não, dizei-me os mais moços – para que guardemos esse respeito às cãs – dizei-me e confessai sem rebuço: de que vos servem esses que tendes por amigos mais íntimos, e que amizades são as suas? Irem convosco ao passeio e à comédia, levarem-vos à casa de jogo e às casas ou serralhos da ruim conversação; acompanharem-vos de noite aos furtos da honra alheia, ou à vingança oculta; serem vossos padrinhos no desafio a que vos levam já excomungado, e vos trazem morto ou mal ferido; serem os secretários de todos vossos cuidados e pensamentos, e os conselheiros de todas as traças, enredos e execuções de vossas loucuras e apetites sem freio; enfim, os cúmplices inseparáveis de todos vossos vícios e pecados, e as guias mais certas para o inferno, cujas estradas vos alargam e asseguram: e tudo isto com tal esquecimento da fé e desprezo da razão, como se não houvera outra vida, nem conta, nem consciência, nem alma, nem Deus. E se quanto tenho dito é menos do que calo e vós sabeis, julgai se pode haver algum inimigo mais cruel e mais inimigo que estes amigos? Não só são os maiores inimigos, mas muito maiores que o maior, porque o maior inimigo pode-vos tirar uma vez a vida do corpo, e estes tiram-vos mil vezes a vida da alma.

("Sermão da primeira sexta-feira da Quaresma" [1644])

⁂

Depois que a sincera amizade, a qual entre o coro das virtudes tinha tão honrado lugar, se desceu de sua dignidade, e acompanhou com os vícios, que amigo ou chamado amigo há hoje que, assim como é o maior inimigo de si mesmo, o não seja também do seu amigo?

("Sermão da primeira sexta-feira da Quaresma" [1644])

⁂

Não há mais cruel inimigo, que o inimigo com medo. O inimigo sem medo muitas vezes é piedoso, o inimigo com medo é inimigo sem piedade; o inimigo sem medo satisfaz-se muitas vezes sem chegar à vida, o inimigo com medo só com a morte se dá por seguro. A razão e a experiência é porque o inimigo sem medo trata da sua satisfação, o inimigo com medo trata da sua segurança e ódio.

(Voz primeira obsequiosa, "Sermão das exéquias do Sereníssimo Infante de Portugal d. Duarte...")

⁂

Isto de ter inimigos é uma sem-razão ou injúria tão honrada, que ninguém se deve doer ou ofender dela. Quem a não aceita como adulação e lisonja de sua mesma fortuna, ou tem pequeno ração, ou pouco juízo. Se o ter inimigos é tentação, antes é

tentação de vaidade que de vingança. É motivo de dar graças a Deus, e não de lhes ter ódio a eles. Sabeis por que vos querem mal vossos inimigos? Ordinariamente é porque veem em vós algum bem que eles quiseram ter, e lhes falta. A quem não tem bens, ninguém lhe quer mal.
("Sermão da primeira sexta-feira da Quaresma" [1649])

⁂

Mais se há de temer a língua desarmada do adulador, que todas as armas do perseguidor e inimigo.
("Sermão da primeira sexta-feira da Quaresma" [1651])

INVEJA

Onde não há invejoso nem invejado, tudo está quieto.
("Sermão da dominga décima sexta *post Pentecostem*")

⁂

Onde entra a inveja e a ambição de lugares não há virtude nem amizade segura: o maior amigo vos há de desviar, e o mais virtuoso se há de introduzir.
("Sermão da dominga décima sexta *post Pentecostem*")

⁂

Ainda que não haja competência nem inveja que inquiete os lugares altos, é neles tão natural a inquietação, como dizia, que eles mesmos se inquietam e a quem está neles.
("Sermão da dominga décima sexta *post Pentecostem*")

⁂

Quão grande é o povo dos que te admiram, tão grande é o número dos que te invejam. A admiração estará por algum tempo suspensa e muda, como costuma, mas a inveja reconcentrada rebentará com mais força, como de mina, e o que foram aplausos serão estragos.
("Sermão da quarta dominga da Quaresma" [1655])

⁂

Os invejosos [...] mais sentem os bens alheios e suas glórias que os males e tormentos próprios.
("Sermão do sábado antes da dominga de Ramos [1634])

⁂

Acrescenta Deus os bens ao invejado para maior castigo e dor do invejoso, mas que diminui e tira também ao invejoso, para maior honra e vingança do invejado.
("Sermão da primeira sexta-feira da Quaresma" [1649])

J

JUÍZO

É mais temeroso o juízo dos homens que o juízo de Deus porque o juízo de Deus é juízo de um só dia: o juízo dos homens é juízo de toda a vida. Todos os dias, para os que vivem entre os homens, são dias do juízo.
("Sermão da segunda dominga do Advento")

⁂

Cada um em seu juízo não se deve estimar mais que aquilo em que ele mesmo se avalia.
("Sermão da quarta dominga do Advento")

⁂

O juízo dos homens, quando muito lhe demos, poderá fazer mal, mas não pode fazer maus. Se eu sou bom, por mais que me julguem mal os homens, não me podem fazer mau: se eu sou mau, por mais que julguem bem os homens, não me podem fazer bom; e como o juízo dos homens não tem poder para fazer maus nem bons, que caso há de fazer deste juízo o verdadeiro penitente, o qual só uma coisa deseja, que é ser bom, e só de uma coisa lhe pesa, que é ter sido mau?

("Sermão da quarta dominga do Advento")

⁂

O juízo dos homens é mais temeroso que o juízo de Deus porque Deus julga com o entendimento, os homens julgam com a vontade. Quando entre o entendimento de Deus e a vontade dos homens não houvera aquela infinita distância, bastava só a diferença que há entre vontade e entendimento para ser grande a desigualdade destes juízos. Quem julga com o entendimento pode julgar bem e pode julgar mal: quem julga com a vontade nunca pode julgar bem. A razão é muito clara. Porque quem julga com o entendimento entende mal, julga mal, se entende bem, julga bem. Porém, quem julga com a vontade, ou queira mal ou queira bem, sempre julga mal: se quer mal, julga como apaixonado; se quer bem, julga como cego. Ou cegueira, ou paixão: vede como julgará a vontade com tais adjuntos. No juízo divino não é assim: julga só o entendimento, e tal entendimento.

("Sermão da segunda dominga do Advento")

L

LADRÕES

Digo que menos mal será um ladrão que dois; e que mais dificultosos serão de achar dois homens de bem que um.
("Carta ao rei d. João IV", Maranhão, 4 de abril de 1654)

⁂

Que coisa são os grandes reinos, senão grandes latrocínios?
("Sermão de Santo Antônio" [1657])

⁂

É tão grande o sabor do alheio, é tal a doçura e suavidade do que se furta, que até pão e água, se é furtado, é manjar muito saboroso. Viver do próprio a pão e água é a maior penitência; viver do alheio, ainda que seja a pão e água, é grande regalo. Tão saboroso bocado é o alheio.
("Sermão de Santo Antônio" [1657])

⁂

O ladrão que furta com o ofício, nem um momento se há de consentir ou conservar nele.
("Sermão do bom ladrão" [1655])

LÁGRIMA

É muito fácil dizer que se enxuguem as lágrimas de todos; mas como se hão de enxugar? Enxugar as lágrimas bom remédio é para não haver descontentamentos; mas que remédio há de haver, para se enxugarem as lágrimas? Fácil remédio: o que Cristo fez. Inquirir a causa das lágrimas, e tirá-la.
("Sermão da primeira oitava da Páscoa" [1647])

⁂

As lágrimas são o mais vivo do sentimento, porque são o destilado da dor; são o mais encarecido dos louvores, porque são o preço da estimação; são o mais efetivo da consolação, porque são o alívio da natureza. Ordenou a natureza que as lágrimas, assim como são efeito, fossem juntamente alívio da mesma dor, para que se pudesse conservar o mundo: se assim não fora, uma só morte como esta nos levara a todos.
(Voz primeira obsequiosa, "Sermão das exéquias do Sereníssimo Infante de Portugal d. Duarte...")

⁂

Queimando-se um palácio na antiga Roma, e vendo um senador que estavam muitas mulheres chorando, mandou-as buscar água

ao Tibre, dizendo-lhes que com esta se podia apagar o fogo, e não com a das suas lágrimas. Sabemos chorar e não sabemos pôr remédio. Enlutamo-nos por um desacato público, e não olhamos para os ocultos que mandamos fazer por obrigação a quem não tem vontade disso.
("Carta a Duarte Ribeiro de Macedo", Roma, 30 de junho de 1671)

LIBERDADE

O maior mal desta vida é o cativeiro, e o maior mal da outra é a condenação, e destes dois males livram os redentores aos cativos, tirando-os da terra de infiéis. O maior bem desta vida é a liberdade, e o maior bem da outra é a salvação.
("Sermão de S. Pedro Nolasco", pregado no dia do mesmo santo)

LÍNGUA

Ordinariamente quem tem muita espada, tem pouca língua. Isto não é regra geral, mas é regra geral que Deus não quer roncadores, e que tem particular cuidado de abater e humilhar aos que muito roncam.
("Sermão de Santo Antônio" [1654])

LIVROS

Se os homens pudessem comer os livros de um bocado, que facilmente se aprenderiam as ciências, e se tomaram as línguas? Oh! que fácil modo de aprender! Oh! que doce modo de estudar!
("Sermão do Espírito Santo", pregado da cidade de S. Luís do Maranhão, na Igreja da Companhia de Jesus, em ocasião que partia ao rio das Amazonas uma grande missão dos mesmos religiosos)

⁂

Onde o tempo acaba as coisas, é bem que as perpetue a memória dos livros.
("Sermão de Nossa Senhora de Penha de França" [1652])

⁂

Do que não cabe em livros, não há livro.
("Sermão de Nossa Senhora de Penha de França" [1652])

LOGO

Não há palavra mais equívoca, nem advérbio de mais duvidosa significação, que o logo em matéria de despachos. Apenas há remissão que não desça comum logo, e quase não há consulta que não suba dois logos, e alguma com três. Mas estes logos quão longos são, quando tardam, e quando duram! Há logo de dois anos e de quatro, e de dez, e de toda a vida. Estais despachado para a Índia, sobem vossos papéis com três logos, dispara a capitânia peça de leva, cortam-se as amarras, embarcai-vos, e que vos sucede? Estivestes parado muitos dias nas calmas Guiné, destes volta ao Cabo de Boa Esperança, invernastes em Moçambique, passastes duas vezes a linha, chegais finalmente a Goa a cabo de um ano e meio, e os logos ainda não chegaram. Se lá morrestes, chegarão para o dia do Juízo, e se tornastes daí a oito ou dez anos, ainda os logos estão lá em cima, ou não há já memória donde estejam. E isto é o que significavam aqueles logos. Muitas vezes me pus a considerar que quer dizer logo. Logo? Porque se o primeiro logo significa logo, o segundo, que significação tem? Parece que um logo sobre outro logo, é como um não sobre outro não. Um não sobre outro não quer dizer sim; e um logo sobre outro logo, muitas vezes quer dizer nunca, e quase sempre, tarde. Isto, porém, se entende quando os logos são para remunerar e premiar beneméritos, que quando são para os destruir e aniquilar, um logo, e dois, e três, todos voam.

("Sermão da bula da S. Cruzada" [1647])

M

MAL, MALES

O maior mal de todos os males – não digo bem – o mal que só é mal, e sumo mal, é o pecado. Porque assim como Deus, por essência é o sumo bem, assim o pecado, por ser ofensa de Deus, é o sumo mal. Mas se entre pecado e pecado, pelo que toca a nós, pode haver comparação e diferença, o pecado futuro é o pior e mais perigoso mal. O passado e o presente, porque foi e é pecado, é a suma miséria; mas o futuro, porque ainda há de ser, sobre ser a suma miséria, é o sumo perigo.

("Sermão do quarto sábado da Quaresma" [1640])

⁂

Esta é a maior desgraça dos bens, contrária em tudo à natureza dos males: os bens veem-se de longe, os males de perto; os males quando vêm, os bens quando fogem; os males pelo direito, os bens pelo avesso; os males pelo rosto, os bens pelas espaldas: quando voltam as costas os bens, então se conhecem.

(*As cinco pedras da funda de Davi*, "Discurso II")

MEDIDA

Fazer tudo com conta, peso e medida é propriedade do poder que sempre há de sobejar; e, pelo contrário, fazer as coisas sem conta, peso nem medida é propriedade assim mesmo do poder que nem há de sobejar nem bastar. E se Deus, com todos os cabedais da onipotência, tudo faz com a vara, com a balança e com a pena na mão: com a vara para a medida, com a balança para o peso, e com a pena para o número – onde o poder é tão limitado, como o das pobrezas humanas, que cabedal pode haver que se não consuma e acabe, e que baste à prodigalidade, ao desconcerto, à desatenção e ao apetite dos que, querendo mais do que podem, tudo quanto têm e quanto não têm desbaratam sem conta, sem peso e sem medida? Oh! cegueira do lume da razão e da fé! Por que não medimos o tempo com a eternidade?

("Sermão da terceira dominga *post Epiphaniam*")

MEIOS

Quando vejo os meios que se empreendem, parece-me que tiramos os olhos do fim e de todos os fins.

("Carta a d. Rodrigo de Meneses", Coimbra, 23 de junho de 1664)

MELHOR

Não há maior delito no mundo que o ser melhor.

("Sermão da segunda dominga do Advento")

MENTIRA

Tudo neste mundo é mentira, e só verdade crer em Deus e a Deus.
("Carta a Duarte Ribeiro de Macedo", Roma, 6 de novembro de 1674)

⁂

Guarde-vos Deus de que o mentiroso diga bem de vós, porque é sinal que sois o contrário do que ele diz.
("Sermão da quinta dominga da Quaresma" [1654])

⁂

Os mentirosos dizem as coisas antes de as saberem.
("Sermão da quinta dominga da Quaresma" [1654])

⁂

Quem está ocioso não tem mais que fazer que pôr-se a imaginar; da ociosidade nasce a imaginação, da imaginação a suspeita, da suspeita a mentira.
("Sermão da quinta dominga da Quaresma" [1654])

⁂

Muitas vezes mais poderosa é a mentira que a verdade. Não se pode isto dizer sem escândalo da razão e horror da natureza, mas não se pode negar. E por quê? Porque a mentira é crida e acreditada, e a verdade não tem fé nem crédito; a mentira escusa os culpados, e a verdade não pode defender os inocentes; a mentira é absoluta sobre sua palavra, e a verdade condenada sem ser ouvida; a mentira profana sacrilegamente

a religião e o sacerdócio, e à verdade não lhe vale o sagrado; enfim, a mentira que deverá ser pisada traz debaixo dos pés a verdade, e a verdade, de quem se diz que nada sobre tudo, se vê tão soçobrada e afogada da violência que nem respirar pode. E, posto que os juízos sejam retos, ou o queiram parecer, é tal o enredo dos testemunhos falsos, induzidos e subordinados, ou com o dinheiro, ou com o ódio, ou com o temor, ou com a dependência, ou com a lisonja, ou com tudo, que mentira é a que vence, e a falsidade a que triunfa. Assim que muitas vezes a mentira hoje no mundo é mais poderosa que a verdade.
(Maria Rosa Mística, "Sermão XXIII")

⁂

A verdade é filha legítima da justiça, porque a justiça dá a cada um o que é seu. E isto é o que faz e o que diz a verdade, ao contrário da mentira. A mentira, ou vos tira o que tendes, ou vos dá o que não tendes; ou vos rouba, ou vos condena. A verdade não: a cada um dá o seu, como a justiça.
("Sermão da quinta dominga da Quaresma" [1654])

⁂

É tal a força e poder da infâmia que, sendo a calúnia testemunho falso, a mesma infâmia fará que a inocência infamada o faça verdadeiro.
("Sermão de Santa Iria" [1638])

⁂

Não há mentira tão falsa que, se a querem fazer aparente ou verossímil, se não funde em alguma suposição verdadeira.
(Maria Rosa Mística, "Sermão XXV")

MERECIMENTO

Mais custa o alcançar que o merecer.

("Sermão da dominga décima sexta *post Pentecostem*")

⁂

Entre o merecimento e o prêmio há de haver proporção igual.

(Maria Rosa Mística, "Sermão XXIV")

⁂

Ou mereceis os prêmios que vos faltam, e com que vos faltam, ou não; se os não mereceis, não tendes de que vos queixar; se os mereceis, muito menos. Ainda não sabíeis que não há virtude nem merecimento sem prêmio? Assim como o vício é o castigo, assim, a virtude é o prêmio de si mesma. O maior prêmio das ações heroicas é fazê-las. Com melhores palavras o disse Sêneca, porque falava em melhor língua: *Quid consequar (inquis) si hoc fortiter si hoc grate fecero? Quod feceris*: Se me perguntas que hás de conseguir pelo que fizeste ou forte ou generosamente, respondo-te que tê-lo feito. *Rerum honestarum pretium in ipsis est**: O prêmio das ações honradas, elas o têm em si, e o levam logo consigo; nem tarda, nem espera requerimentos, nem depende de outrem: são satisfação de si mesmas. No dia em que as fizestes, vos satisfizestes.

E se fora de vós mesmo esperáveis outro prêmio, contentai-vos com o da opinião e da honra. Se vossos serviços são mal premiados, baste-vos saber que são bem conhecidos. Este prêmio mental assentado no juízo das gentes, ninguém vo-lo pode tirar nem

---

* Sêneca, *De beneficiis*, 4, 1.

diminuir. Que importa que subais mal consultado dos ministros, se estais bem julgado da fama? Que importa que saísseis escusado do tribunal, se o tribunal fica acusado? Passai pela chancelaria este despacho, deixai-o por brasão a vossos descendentes, sereis duas vezes glorioso. Só vos dou licença que vos arrependais de ter pretendido. Pouco fez ou baixamente avalia suas ações quem cuida que lhas podiam pagar os homens.

Se servistes à pátria que vos foi ingrata, vós fizestes o que devíeis, ela o que costuma. Mas que paga maior para um coração honrado que ter feito o que devia? Quando fizestes o que devíeis, então vos pagastes. Ouvi ao Mestre divino que tudo nos ensinou. Dizia Cristo a seus soldados, a quem encarregou não menos que a conquista do mundo, em que todos deram a vida: *Cum feceritis omnia, dicite: servi inutiles summus**: Quando fizerdes tudo, dizei que sois servos inúteis. Notável sentença! O servo inútil é aquele que não faz nada; mas o que faz muito, e muito mais o que faz tudo, há de cuidar e dizer que é servo inútil? Sim. Ninguém entendeu melhor este texto que o Venerável Beda. Não fala Cristo da utilidade que recebe o Senhor, senão da utilidade que não recebe o servo. O servo não recebe utilidade do seu serviço, porque é obrigado a servir; e assim há de servir quem serve generosamente. O mesmo Cristo se declarou, e deu a razão muito como sua: *Quod debuimus facere, fecimus*: O que devíamos fazer isso fizemos. Quem fez o que devia, devia o que fez, e ninguém espera paga de pagar o que deve. Se servi, se pelejei, se trabalhei, se venci, fiz o que devia ao rei, fiz o que devia à pátria, fiz o que me devia a mim mesmo, e quem se desempenhou de tamanhas dívidas, não há de esperar outra paga. Alguns há tão desvanecidos que cuidam que fizeram mais do que deviam. Enganam-se. Quem

---

* Lucas, 17, 10: "quando tiverdes cumprido todas as ordens, dizei: Somos simples servos, fizemos apenas o que devíamos fazer".

mais é e mais pode, mais deve. O sol e as estrelas servem sem cessar, e sempre com grande utilidade; mas esta toda é do universo, e nada sua. Prezai-vos lá de filhos do sol, e tão ilustres como as estrelas, e abstende-vos a mendigar outra paga.

("Sermão da terceira quarta-feira da Quaresma" [1669])

*

O dar a quem não serviu é liberalidade, mas o pagar a quem não serviu, é injustiça, porque a paga supõe serviço, assim como o prêmio supõe merecimento. E, se pagar a quem não serviu é uma injustiça, pagar a quem desserviu e ofendeu são duas, e não só é fazer, senão exceder o injusto.

(Maria Rosa Mística, "Sermão VI")

*

Todas as cousas do mundo vão a caso, e [...] nada se obra com fim, nem espiritual nem político. As obras da justiça divina assentam sobre merecimento, e ainda as da Providência esperam cooperação; e não sei que confianças são as nossas se nos falta uma cousa e outra.

("Carta a d. Rodrigo de Meneses", Coimbra, 22 de setembro de 1664)

MORTE

Todos os homens neste mundo vivemos com duas ignorâncias: a primeira da morte, a segunda da predestinação. Todos sabemos que havemos de morrer, mas ninguém sabe o quando. Todos sabemos que nos havemos de salvar ou condenar, mas ninguém sabe qual destas há de ser. E por que ordenou Deus que a morte fosse incerta e a predestinação duvidosa? Não pudera Deus fazer que soubéssemos todos quando havíamos de morrer, e se éramos ou não predestinados? Claro está que sim; mas ordenou com suma providência que estivéssemos sempre incertos e duvidosos da predestinação, para que a morte nos suspendesse sempre o temor com a incerteza, e a predestinação nos sustentasse a perseverança com a dúvida. Se os homens souberam quanto haviam de viver e quando haviam de morrer, que seria dos homens? Se eu, sabendo que posso morrer hoje, me atrevo a ofender a Deus hoje, quem soubesse que havia de viver quarenta anos, como não ofenderia confiadamente a Deus ao menos os trinta e nove? Por esta causa ordenou Deus que a morte fosse incerta, e pela mesma que a predestinação fosse duvidosa. Se os homens soubessem que eram precitos, como desesperados haviam-se de precipitar mais nas maldades; se soubessem que eram predestinados, como seguros haviam-se de descuidar na virtude; pois, para que os maus sejam menos maus, e os bons perseverem em ser bons, nem os maus saibam que são precitos, nem os bons saibam que são predestinados. Não saibamos maus que são precitos, para que não se despenhem como desesperados, nem saibam os bons que são predestinados, para que se não descuidem como seguros. De maneira que estas duas ignorâncias, a ignorância da morte e a ignorância da predestinação, são as bases do temor da morte e do temor do inferno, e estes dois temores, as duas mais fortes colunas sobre que todo o edifício da vida cristã se sustenta, para que os homens não vivessem como néscios, mas obrassem como prudentes.

("Sermão de Santa Teresa no colégio da Companhia de Jesus da Ilha de S. Miguel")

Vindo a Roma, nos tempos de sua maior opulência e grandeza, um embaixador de Pirro, rei dos epirotas, não fazia fim de admirar o que o poder e a arte tinha junta naquele empório de riquezas e delícias. E perguntado pelos romanos se achava algum defeito na sua cidade. Sim, acho, respondeu o embaixador. E qual é? Que também em Roma se morre.

("Sermão da segunda dominga da Quaresma" [1651])

⁂

O certo é que em toda a parte se morre, e que não há hoje nenhuma em que se possa viver.

("Carta a Duarte Ribeiro de Macedo", Roma, 31 de outubro de 1674)

⁂

Quando considero na vida que se usa, acho que não vivemos como mortais, nem vivemos como imortais. Não vivemos como mortais, porque tratamos das coisas desta vida como se esta vida fora eterna. Não vivemos como imortais, porque nos esquecemos tanto da vida eterna, como se não houvera tal vida. Se esta vida fora imortal, e nós imortais, que havíamos de fazer, senão o que fazemos? Estai comigo. Se Deus, assim como fez um Adão, fizera dois, e o segundo fora mais sisudo que o nosso, nós havíamos de ser mortais como somos, e os filhos de outro Adão haviam de ser imortais. E estes homens imortais, que haviam de fazer neste mundo? Isto mesmo que nós fazemos. Depois que não coubessem no Paraíso, e se fossem multiplicando, haviam-se de estender pela terra, haviam de conduzir de todas as partes do mundo todo o bom, precioso e deleitoso que Deus para eles tinha criado, haviam de ordenar cidades e palácios, quintas, jardins, fontes, delícias, banquetes, representações, músicas, festas, e tudo aquilo que pudesse formar uma vida alegre e deleitosa. Não é isto o que nós fazemos? E muito mais do que eles haviam de fazer, porque o haviam de fazer com justiça, com razão, com modéstia, com temperança; sem luxo, sem soberba, sem ambição, sem inveja; e com concórdia, com caridade, com humanidade. Mas como se ririam de nós, e como pasmariam de nós aqueles homens imortais. Como se ririam das nossas loucuras, como pasmariam da nossa cegueira, vendo-nos tão ocupados, tão solícitos, tão desvelados pela nossa vidazinha de dois dias, e tão esquecidos, e descuidados da morte, como se fôramos tão imortais como eles! Eles sem dor, nem enfermidade; nós enfermos e gemendo; eles vivendo sempre, nós morrendo; eles não sabendo o nome à sepultura, nós enterrando uns a outros; eles gozando o mundo em paz, e nós fazendo demandas e guerras pelo que não havemos de gozar. Homenzinhos miseráveis (haviam de dizer) homenzinhos miseráveis, loucos, insensatos; não vedes que sois mortais? Não vedes que haveis de acabar amanhã? Não vedes que vos hão de meter debaixo de uma sepultura, e que de tudo quanto andais afanando e adquirindo, não haveis de lograr mais que sete pés de terra? Que doidice, que cegueira é logo a vossa? Não sendo como nós, quereis viver como nós? Assim é. *Morimur ut mortales, vivimus ut imortales**: morreremos como mortais que somos, e vivemos como se fôramos imortais.

("Sermão da Quarta-Feira de Cinzas" [1670])

⁂

A morte, como vingadora de todos os agravos da natureza, a todas essas cores faz da mesma cor, para que não distinga a vaidade e a fortuna os que fez iguais a razão. Ouvi a Santo Agostinho: *Respice sepulchra et vide quis dominus, quis servus, quis poupei; quis dives? Discerne, si potes, regem a vincto, fartem a debili, pulchrum a*

* Sêneca, *Ad Marciam de consolatione, epistulae morales ad Lucilium* 57, 117.

deformit[*]. Abri aquelas sepulturas, diz Agostinho, e vede qual é ali o senhor e qual o servo; qual é ali o pobre e qual o rico? *Discerne, si potes*: distingui-me ali, se podeis, o valente do fraco, o formoso do feio, o rei coroado de ouro do escravo de Argel carregado de ferros? Distingui-los? Conhecei-los? Não por certo. O grande e o pequeno, o rico e o pobre, o sábio e o ignorante, o senhor e o escravo, o príncipe e o cavador, o alemão e o etíope, todos ali são da mesma cor.
("Sermão da Quarta-Feira de Cinzas" [1670])

⁂

Morrer de muitos anos, e viver muitos anos, não é a mesma coisa. Ordinariamente os homens morrem de muitos anos, e vivem poucos. Por quê? Porque nem todos os anos que se passam se vivem: uma coisa é contar os anos, outra vivê-los; uma coisa é viver, outra durar. Também os cadáveres debaixo da terra, também os ossos nas sepulturas acompanham os cursos dos tempos, e ninguém dirá que vivem. As nossas ações são os nossos dias; por elas se contam os anos, por eles se mede a vida: enquanto obramos racionalmente, vivemos; o demais tempo, duramos.
(Voz quarta obsequiosa, "Sermão das exéquias do conde de Unhão d. Fernão Telles de Menezes...")

⁂

Todos os anos estão sujeitos à morte, mas nenhuns mais que os que pareciam seguros, os verdes.
("Sermão nas exéquias da S. D. Maria de Ataíde" [1649])

⁂

---

* *Augustinus in sentent. sent. ultima.* (N. A.)

Um dos maiores rigores que tem a morte é ser apartamento: apartamento e despedida geral de todos os que amáveis e vos amavam.
("Sermão da primeira dominga do Advento" [1652])

⁂

Todos se queixam da pressa com que corre a vida: eu não me queixo senão da desigualdade com que caminha a morte.
("Sermão nas exéquias da S. D. Maria de Ataíde" [1649])

⁂

Para uns homens parece que vem a morte a pé, para outros a cavalo; para uns andando, para outros correndo, porque uns morrem devagar, outros depressa; mas a Parca que sempre antes do tempo corta os fios à vida é a tristeza.
("Sermão da quarta dominga depois da Páscoa")

⁂

Os homens, temos três vidas: vida corporal, vida espiritual, vida eterna. A morte tira somente a vida corporal; o pecado tira a vida eterna e também tira a corporal, porque do pecado nasceu a morte: *Per peccatum, mors**. Todas as mortes, quantas há, quantas houve e quantas há de haver, foram causadas de um só pecado de Adão, e não bastando todas para o pagar, foi necessário que o mesmo Deus morresse para satisfazer por ele. A morte mata o corpo, que é mortal; o pecado mata a alma, que é imortal, e

---

* Romanos, 5,12: "Eis por que, como por meio de um só homem o pecado entrou no mundo e, pelo pecado, a morte".

morte que mata o imortal, vede que morte será! Os estragos que faz a morte no corpo, consome-os em poucos dias a terra; os estragos que faz o pecado na alma, não basta uma eternidade para os consumir no fogo. E sendo sobre todo o excesso de comparação tanto mais para temer a morte da alma que a morte do corpo, e tendo mais para amar e para estimar a vida espiritual e eterna, que a vida temporal, em que fé, e em que juízo cabe, que pela vida e saúde do corpo se façam tão extraordinários extremos, e que da vida e saúde da alma se faça tão pouco caso?

("Sermão de Nossa Senhora de Penha de França" [1652])

⁂

Em nenhuma coisa se empregam os homens com maior diligência e cuidado que em conservar a vida, e, contudo, todos morrem. Qual é a razão? A razão natural é porque a vida consiste no úmido e cálido radical, os quais sempre a vão gastando e consumindo, gastando-se eles também, e consumindo-se a si mesmos. E por mais que a natureza com o alimento e com o medicamento procure recuperar e restaurar o perdido, como ela gasta mais do que pode recuperar, é força que aqueles dois fundamentos da vida, e a mesma vida se consuma, e ninguém escape da morte. Se a natureza humana gastara menos do que pode recuperar, fôramos imortais; mas porque ela gasta mais, todos morremos.

("Sermão da terceira dominga *post Epiphaniam*")

⁂

Ouvi o desengano de uma caveira, que era ou tinha sido de um vivo que morreu quando não cuidava: "*Fleres, si scires unum tua* *tempora mensem:/ Rides, cum non sit forsitam una dies**". Se soubésseis que vos não restava de vida mais que um mês, havíeis de chorar, e rides, e andais alegres e contente, podendo ser que vos não reste um dia inteiro.

("Sermão da primeira dominga do Advento" [1652])

⁂

Comecemos de hoje em diante a viver como quereremos ter vivido na hora da morte. Vive assim como quiseras ter vivido quando morras. Oh! que consolação tão grande será então a nossa, se o fizermos assim! E pelo contrário, que desconsolação tão irremediável e tão desesperada, se nos deixarmos levar da corrente, quando nos acharmos onde ela nos leva! É possível que me condenei por minha culpa e por minha vontade, e conhecendo muito bem o que agora experimento sem nenhum remédio? É possível que por uma cegueira de que me não quis apartar, por um apetite que passou em um momento, hei de arder no inferno enquanto Deus for Deus? Cuidemos nisto, cristãos, cuidemos nisto. Em que cuidamos, e em que não cuidamos? Homens mortais, homens imortais, se todos os dias podemos morrer, se cada dia nos imos chegando mais à morte, e ela a nós, não se acabe com este dia a memória da morte. Resolução, resolução uma vez, que sem resolução nada se faz. E para que esta resolução dure e não seja como outras, tomemos cada dia uma hora em que cuidemos bem naquela hora. De vinte e quatro horas que tem o dia, por que se não dará uma hora à triste alma? Esta é a melhor devoção e mais útil penitência, e

---

* Dístico de autoria incerta, atribuído, por exemplo, a Tomas Morus (*The Latin epigrams of Thomas More*. Chicago: University of Chicago Press, 1953, p. 32).

mais agradável a Deus, que podeis fazer nesta quaresma. Tomar uma hora cada dia, em que só por só com Deus e conosco cuidemos na nossa morte e na nossa vida. E porque espero da vossa piedade e do vosso juízo que aceitareis este bom conselho, quero acabar deixando-vos quatro pontos de consideração para os quatro quartos desta hora. Primeiro: quanto tenho vivido? Segundo: como vivi? Terceiro: quanto posso viver? Quarto: como é bem que viva? Torno a dizer para que vos fique na memória: Quanto tenho vivido? Como vivi? Quanto posso viver? Como é bem que viva?

("Sermão da Quarta-Feira de Cinzas" [1670])

O sono é imagem da morte, os sonhos são imagem da vida.

(Xavier dormindo, "Prefação")

MULTIDÃO

Multidão desordenada é confusão; com ordem, é exército. Desordenada serve só de levar despojos ao inimigo; com ordem, na mesma ordem, e em si, leva já segura a vitória.

("Sermão da quarta dominga da Quaresma" [1633])

MUNDO

Este mundo, senhores, composto de tanta variedade de estados, ofícios e exercícios públicos e particulares, políticos e econômicos,

sagrados e profanos, nenhuma outra coisa é senão uma praça, ou feira universal, instituída e franqueada por Deus a todos os homens, para negociarmos nela o reino do céu.
("Sermão da Rainha Santa Isabel" [1674])

*

É este mundo um teatro, os homens, as figuras, que nele representam, e a história verdadeira de seus sucessos, uma Comédia de Deus, traçada e disposta maravilhosamente pelas ideias de sua Providência.
(*História do futuro...* [1718])

*

Há muito que conheço o mundo, e assim não estranho nada do que nele vejo, antes dou muitas graças a Deus por me reservar os desenganos para este último quartel da vida, em que, ao menos, o mesmo mundo se não gabará de me deixar antes de eu o haver deixado.
("Carta a d. Rodrigo de Meneses", Roma, 2 de agosto de 1670)

*

Considerai-me o mundo desde seus princípios, e vê-lo-eis sempre, como nova figura no teatro, aparecendo e desaparecendo juntamente, porque sempre está passando. A primeira cena deste teatro foi o Paraíso Terreal, no qual apareceu o mundo vestido de imortalidade, e cercado de delícias. Mas, quanto durou esta aparência? Estendeu Eva o braço à fruta vedada, e no brevíssimo espaço em que o bocado fatal passou pela garganta do homem, passou também com ele o mundo do estado da inocência ao da culpa, da imortalidade à morte, da pátria ao desterro, das flores às espinhas, do descanso aos trabalhos, e da felicidade suma ao sumo da infelicidade e miséria. Oh! miserável mundo, que se pararas assim, e te contentaras com comer o teu pão com o suor do teu rosto, foras menos miserável! Mas não serias mundo, se de uma miséria grande não passasses sempre, e por tua natural inclinação, a outra maior. Os homens naquela primeira infância do mundo todos vestiam de peles, todos eram de uma cor, todos falavam a mesma língua, todos guardavam a mesma lei. Mas não foi muito o tempo em que se conservaram na harmonia desta natural irmandade. Logo variaram e mudaram as peles, com tanta diferença de trajos, que cada dia, dos pés à cabeça, aparecem com nova figura. Logo variaram e mudaram as línguas, com tanta dissonância e confusão, como a da torre de Babel. Logo variaram e mudaram as cores, com a diversidade das terras e climas, e com a mistura do sangue, posto que todo vermelho. Logo variaram e mudaram as leis, não com as de Platão, Sólon, ou Licurgo, mas com a do mais imperioso e violento legislador que é, o próprio alvedrio. Tudo mudaram, ou tudo se mudou, porque tudo passa.

("Sermão da primeira dominga do Advento")

⁂

Ah! idólatras do mundo! que tantas vezes dais a alma e dobrais o joelho ao demônio, não pelo mundo todo, senão por umas partes tão pequenas dele, que nem migalhas do mundo se podem chamar! Quantos príncipes dão a alma, e tantas almas ao demônio por uma cidade, por uma fortaleza? Quantos títulos por uma vila? Quantos nobres por uma quinta, por uma vinha, por uma casa? Que palmo de terra há no mundo que não tenha levado muitas almas ao inferno, pela demanda, pelo testemunho falso, pela escritura suposta, pela sentença injusta, pelos ódios, pelos homicídios, e por infinitas maldades? Se o mundo todo não pesa uma alma, como pesam tanto estes pedacinhos do mundo? Barro alfim. Deitai ao mar um vaso de barro inteiro: nada por cima da água; quebrai esse mesmo vaso, fazei-o em pedaços, e todos, até o mais pequeno, se vão ao fundo. Se o mundo todo inteiro pesa tão pouco, como pesam tanto estes pedaços do mundo, que todos se vão ao fundo e nos levam a alma após si?

("Sermão da primeira dominga da Quaresma" [1655])

⁂

O mundo, aos que lavrais com ele, nem vos satisfaz o que despendeis, nem vos paga o que andais. Deus não é assim. Para quem lavra com Deus até o sair é semear, porque também das passadas colhe fruto. Entre os semeadores do Evangelho há uns que saem a semear, há outros que semeiam sem sair. Os que saem a semear, são os que vão pregar à Índia, à China, ao Japão; os que semeiam sem sair, são os que se contentam com pregar na pátria. Todos terão sua razão, mas tudo tem sua conta. Aos que têm a seara em casa, pagar-lhes-ão a semeadura; aos que vão buscar a seara tão longe, hão-lhes de medir a semeadura, e hão-lhes de contar os passos. Ah, dia do Juízo! Ah, Pregadores! Os de cá, achar-vos-eis com mais Paço; os de lá, com mais passos: *Exiit seminare**.

("Sermão da sexagésima" [1655])

⁂

* Lucas, 8, 5: "O semeador saiu a semear sua semente".

O domínio do mundo não consiste em o possuir, consiste em o pisar.
(Xavier acordado, "Sermão segundo, nada")

⁂

Em um mundo onde se veem tantas coisas que se não podem ver, e se ouvem as que se não podem ouvir, e se falam e são faladas as que se não podem dizer, como pode viver um homem que não for cego, surdo, nem mudo, senão fugindo dos homens [...]?
("Sermão da quarta dominga da Quaresma" [1655])

⁂

Uns nascem, outros morrem, uns vêm a este mundo, outros saem dele, e o mundo, como teatro destas representações, sempre está no mesmo lugar e não se move.
("Sermão da primeira dominga do Advento" [1652])

⁂

Todos nesta vida andais mordidos: uns mordidos do valimento, outros mordidos da ambição, outros mordidos da honra, outros mordidos da inveja, outros mordidos do interesse, outros mordidos da afeição, enfim todos mordidos. Pois, que remédio para sarar destas mordeduras do mundo? Pôr o mesmo mundo diante dos olhos, e olhar bem para ele. Quem haverá que olhe para o mundo com os olhos bem abertos, que veja como todo é nada, como todo é mentira, como todo é inconstância, como hoje não são os que ontem foram, como amanhã não hão de ser os que hoje são, como tudo acabou e tudo acaba, como havemos de acabar e todos mas acabando, enfim que veja ao mundo bem como é em si, que se não desengane com ele, e se não desengane dele? A serpente de Moisés era de bronze; o mundo também é serpente, mas de barro, mas de vidro, mas de fumo, que ainda são melhores metais para o desengano.

("Sermão da primeira dominga da Quaresma" [1655])

N

NÃO

Terrível palavra é um *non*. Não tem direito, nem avesso; por qualquer lado que a tomeis, sempre soa e diz o mesmo. Lede-o do princípio para o fim, ou do fim para o princípio, sempre é *non*. Quando a vara de Moisés se converteu naquela serpente tão feroz, que fugia dela por que o não mordesse, disse-lhe Deus que a tornasse ao revés, e logo perdeu a figura, a ferocidade e a peçonha. O *non* não é assim: por qualquer parte que o tomeis, sempre é serpente, sempre morde, sempre fere, sempre leva o veneno consigo. Mata a esperança, que é o último remédio que deixou a natureza a todos os males. Não há corretivo que o modere, nem arte que o abrande, nem lisonja que o adoce. Por mais que enfeiteis um não, sempre amarga; por mais que o enfeiteis, sempre é feio; por mais que o doureis, sempre é de ferro. Em nenhuma solfa o podeis pôr que não seja malsoante, áspero e duro. Quereis saber qual é a dureza de um não? A mais dura coisa que tem a vida é chegar a pedir; e, depois de chegar a pedir, ouvir um não.

("Sermão da terceira quarta-feira da Quaresma" [1670])

Dizer não a quem pede é dar-lhe uma bofetada com a língua, tão dura, tão áspera, tão injuriosa palavra é um não. Para a necessidade dura, para a honra afrontosa, e para o merecimento insofrível.

("Sermão da terceira quarta-feira da Quaresma" [1670])

NASCIMENTO

O ser bem nascido, que é uma vaidade que se acaba com a vida, é verdade que o não pôs Deus na nossa mão; mas o ser bem ressuscitado, que é aquela nobreza que há de durar por toda a eternidade, essa deixou Deus no alvedrio de cada um. No nascimento somos filhos de nossos pais; na ressurreição seremos filhos de nossas obras.

("Sermão da primeira dominga do Advento")

⁂

Nascer pequeno e morrer grande é chegar a ser homem. Por isso nos deu Deus tão pouca terra para o nascimento, e tantas terras para a sepultura. Para nascer, pouca terra, para morrer, toda a terra; para nascer, Portugal, para morrer, o mundo. Perguntai a vossos avós quantos saíram e quão poucos tornaram? Mas estes são os ossos de que mais se deve prezar vosso sangue.

("Sermão de Santo Antônio", pregado em Roma, na Igreja dos Portugueses...)

NATUREZA

A baixeza do servo não é obra ou injúria da natureza, senão da fortuna. A natureza a todos os homens fez iguais: a fortuna é a que fez os altos, os baixos e os baixíssimos, quais são os servos.

("Sermão do mandato" [1655])

NECESSIDADE

A necessidade, a pobreza, a fome, a falta do necessário para o sustento da vida é o mais forte, o mais poderoso, o mais absoluto império, que despoticamente domina sobre todos os que vivem. Não há coisa tão dificultosa, tão árdua, tão repugnante à natureza, a que não obrigue, a que não renda, a que não sujeite, não por vontade, mas por força e violência, a duríssima e inviolável lei da necessidade. A necessidade é que leva o soldado à guerra e a escalar as muralhas, onde, vendo cair uns a ferro e voar outros a fogo, avança, contudo, e não desmaia. A necessidade é a que engolfa o marinheiro nas ondas do oceano: elas com os naufrágios à vista, e ele com tal ousadia, que, metido dentro em quatro tábuas, se atreve a pelejar, não só com os ventos e tempestades, mas com todos os elementos. A necessidade é a que mete ou precipita o mineiro ao mais profundo das entranhas da terra e sem temor que as mesmas montanhas, que tem sobre si, caiam e o sepultem, ele lhe vai cavando as raízes e sangrando as veias. Finalmente com mais ordinário e geral desprezo da vida e da saúde, quem faz que o lavrador não tema os regelos do inverno, nem o segador as calmas ardentes do estio, nem o pastor os dentes do lobo e do urso e, em muitas partes, as unhas do leão e do tigre, senão as necessidades? E posto que uns e outros

tantas vezes perecem em tão conhecidos perigos; a mesma necessidade com implicação manifesta da própria conservação é a que, para sustentar a vida, os obriga a perder a mesma vida. Até o pobre e atrevido ladrão, que, desde o primeiro passo, com que salteou os caminhos, começou a caminhar para a forca, se ao pé dela lhe perguntam quem o trouxe a tão miserável estado, responde com o laço na garganta, que a necessidade.
(Maria Rosa Mística, "Sermão XXIII")

Não há vício nem maldade que a fome não persuada, nem torpeza ou infâmia que a necessidade e pobreza não facilite.
(Maria Rosa Mística, "Sermão XXIII")

Deixem de ser o que são, para serem o que é necessário, e iguale a necessidade os que desigualou a fortuna.
("Sermão de Santo Antônio" [1642])

Só quem necessita madruga, e quem madruga mais é porque necessita mais.
("Sermão da ressurreição de Cristo S. N.")

Não é mais pobre quem tem menos, senão quem necessita de mais.
(Maria Rosa Mística, "Sermão XXIII")

O

OBEDIÊNCIA

A obediência não só é todas as virtudes mas faz que sejam virtude as que o não são. Assim como a alquimia por arte tudo converte em ouro, assim a obediência por natureza tudo transforma e converte em virtude. E daqui vem que até as ações que não têm nome de virtuosas, antes o contrário, ela faz que sejam, não só virtudes, senão melhores ainda que as mesmas virtudes. E como, ou por quê? Não porque é melhor obedecer que sacrificar, porque isso é comparar uma virtude com outra; mas porque (por exemplo) o comer e o dormir, a recreação e o descanso, e outras ações e divertimentos deste gênero, são coisas meramente temporais, naturais e indiferentes, e melhor é comer por obediência, que jejuar; melhor é dormir por obediência, que vigiar; melhor é recrear-me por obediência, que trabalhar; melhor é não fazer nada por obediência, que trazer este colégio às costas, e servir mais que todos.
("Sermão doméstico", na véspera da Circuncisão e Nome de Jesus... [1689])

⁂

O verdadeiro obediente, não só se há de conformar com a obra, senão também com o tempo. Há de fazer o que se manda, e quando se manda. Fazê-lo antes, não é diligência; fazê-lo depois, é tardança.

("Sermão doméstico", na véspera da Circuncisão e Nome de Jesus... [1689])

OBRAS

As obras são filhas dos pensamentos: no pensamento se concebem, do pensamento nascem, com o pensamento se criam, se aumentam e se aperfeiçoam; e como os filhos recebem dos pais a natureza, o sangue e o apelido, assim se recebe do pensamento todo o bem grande e louvável, que resplandece nas obras.

(As cinco pedras da funda de Davi, "Discurso I")

⁂

As ações generosas, e não os pais ilustres, são os que fazem fidalgos.

("Sermão da terceira dominga do Advento")

⁂

Há ocasiões em que no não fazer consiste tudo.

("Carta a d. Rodrigo de Meneses", Coimbra, 26 de maio de 1664)

⁂

As ações de cada um são a sua essência.
("Sermão da terceira dominga do Advento")

⁂

Todas as cousas do mundo vão a caso, e [...] nada se obra com fim, nem espiritual nem político. As obras da justiça divina assentam sobre merecimento, e ainda as da Providência esperam cooperação; e não sei que confianças são as nossas se nos falta uma cousa e outra.
("Carta a d. Rodrigo de Meneses", Coimbra, 22 de setembro de 1664)

⁂

Em havendo olhos maus, não há obras boas.
("Sermão de Santo Antônio")

⁂

Palavras sem obra são tiros sem bala; atroam, mas não ferem.
("Sermão da sexagésima" [1655])

⁂

Como as obras nascem de seus princípios e caminham a seus fins, só obrará heroicamente quem trouxer diante dos olhos do seu conhecimento, não o vil princípio e fim de seu corpo, senão o princípio e fim altíssimo de sua alma.
(*As cinco pedras da funda de Davi*, "Discurso I")

⁂

A bondade das obras está nos fins, não está nos instrumentos.
("Sermão de São Roque" [1644])

⁂

O pregar que é falar faz-se com a boca; o pregar que é semear, faz-se com a mão. Para falar ao vento, bastam palavras; para falar ao coração, são necessárias obras.
("Sermão da sexagésima" [1655])

⁂

A perfeição não consiste nos verbos, senão nos advérbios: não em que as nossas obras sejam honestas e boas, senão em que sejam bem-feitas.
("Sermão da primeira dominga do Advento")

⁂

Não pode fazer nem empreender obras grandes quem se conhece e se estima pequeno: se isto parece humildade, é bastarda; se aquilo parece soberba, é santa.
(As cinco pedras da funda de Davi, "Discurso I")

OCASIÃO

O certo é que nos dá bastantes cabelos a ocasião, se soubermos tecer as tranças.

("Carta ao marquês de Gouveia", Roma, 19 de novembro de 1672)

⁂

Quantas ocasiões temos perdido, e se nos oferecem de novo se as soubermos conhecer e manejar!

("Carta a Duarte Ribeiro de Macedo", Roma, 23 de outubro de 1674)

ÓDIO

Muitas vezes parecem finezas de amizade o que são ódios refinadíssimos.

("Sermão do sábado antes da dominga de Ramos" [1634])

⁂

O amor e ódio ambos sentenciam sem vista, um porque a não tem e outro porque a não dá.

("Carta ao marquês de Gouveia", Coimbra, 23 de março de 1665)

OFENSA

Se lá nos afrontam os grandes, cá afrontam-nos os pequenos; e não sei qual é maior circunstância de injúria. Quem o há-de remunerar o julgará.

("Carta ao padre André Fernandes", fragmento, 1659)

⁂

Quando amo a quem me ama, pago o que devo; quando me vingo de quem me ofendeu, pagam-me o que me devem. E quem há que não seja mais inclinado a receber a satisfação, que a pagar a dívida? Mais dificultoso é logo deixar de aborrecer a quem nos aborrece, que deixar de amar a quem nos ama.

("Sermão da primeira sexta-feira da Quaresma" [1644])

⁂

As espadas que facilmente se tiram com a mesma facilidade se embainham, e há bondades tão benignas que é mais fácil nelas a contrição, que nos que as ofenderam o arrependimento.

("Carta a Duarte Ribeiro de Macedo", Roma, 28 de agosto de 1674)

OMISSÃO

A omissão é o pecado que com mais facilidade se comete, e com mais dificuldade se conhece, e o que facilmente se comete e dificultosamente se conhece, raramente se emenda. A omissão é um pecado que se faz não fazendo; e pecado que nunca é má obra,

e algumas vezes pode ser obra boa; ainda os muito escrupulosos vivem muito arriscados em este pecado.
("Sermão da primeira dominga do Advento")

OUSADIA

A ousadia é a metade da vitória, e quem temeu ao inimigo já vai vencido.
("Sermão da Santa Cruz" [1638])

OUVIR

Não se pode dizer nem ouvir o que se diz e ouve.
("Carta a Duarte Ribeiro de Macedo", Alcanede, 17 de julho de 1679)

Quantas vezes vos disseram uma coisa e percebestes outra? Quantas vezes ouvis o que não ouvis? Quantas vezes entre a boca do outro e os nossos ouvidos ficou a honra alheia pendurada por um fio? E queira Deus que não ficasse enforcada. Isto acontece quando os homens ouvem com os ouvidos; mas quando ouvem com os corações, ainda é muito pior. E os corações também ouvem? Nunca vistes corações? Os corações também têm orelhas, e estai certos que cada um ouve, não conforme tem os ouvidos, senão conforme tem o coração e a inclinação.
("Sermão da quinta dominga da Quaresma" [1654])

P

PACIÊNCIA

O amor pesa-se na balança da paciência: padecer menos é amar menos, padecer mais é amar mais.
(Xavier dormindo, "Sonho segundo")

⁂

A paciência é a verdadeira doutrina da paz, se a quisermos fazer nossa.
("Sermão da segunda oitava da Páscoa")

PALAVRAS

Palavras sem obra são tiros sem bala; atroam, mas não ferem.
("Sermão da sexagésima" [1655])

⁂

As palavras pronunciadas passam, as escritas permanecem; as pronunciadas entram pelos ouvidos, as escritas pelos olhos.
("Sermão no sábado quarto da Quaresma" [1652])

⁂

Não basta que as coisas que se dizem sejam grandes, se quem as diz não é grande.
(Maria Rosa Mística, "Sermão IV")

⁂

Pouco [...] são e valem as palavras, quando quem as pronuncia não entende o sentido delas.
(Maria Rosa Mística, "Sermão XXII")

⁂

O pregar que é falar faz-se com a boca; o pregar que é semear, faz-se com a mão. Para falar ao vento, bastam palavras; para falar ao coração, são necessárias obras.
("Sermão da sexagésima" [1655])

PAZ

Todas as guerras deste mundo se fazem a fim de conseguir a paz.
("Sermão da segunda oitava da Páscoa")

⁂

A paz são os frutos da justiça. Toda a República, em todo o tempo, há mister paz, e a nossa no tempo presente dobrada paz: paz interior contra os inimigos de dentro, paz exterior contra os de fora e uma e outra teremos, se a justiça a cultivar como deve.
("Sermão ao enterro dos ossos dos enforcados" [1637])

⁂

A paz há de ser sempre voluntária, e a guerra forçada; só a necessidade há de obrigar à guerra, mas a vontade sempre há de desejar a paz.
(Maria Rosa Mística, "Sermão XII" [1639])

⁂

Que homem há, senhores, que não busque o descanso? Este é o fim que se busca e que se pretende por todos os trabalhos da vida. O soldado, pelos perigos da guerra, busca o descanso da paz. O mareante, por meio das ondas e das tempestades, busca o descanso do porto. O lavrador, pelo suor do arado, o estudante, queimando as pestanas, o mercador, arriscando a fazenda, todos, como diversos rios ao mar, correm a buscar o descanso, que é o centro do desejo e do cuidado. E houve algum homem tão mimoso da fortuna neste mundo, que em alguma, ou em todas as coisas dele, achasse o descanso que buscava? Nenhum.
("Sermão da quinta dominga da Quaresma" [1651])

⁂

A paciência é a verdadeira doutrina da paz, se a quisermos fazer nossa.
("Sermão da segunda oitava da Páscoa")

PEDIR

Muito mais custa abrir a boca para pedir que fechá-la para calar.
("Sermão da exaltação da Santa Cruz" [1645])

Dizer não a quem pede é dar-lhe uma bofetada com a língua, tão dura, tão áspera, tão injuriosa palavra é um não. Para a necessidade dura, para a honra afrontosa, e para o merecimento insofrível.
("Sermão da terceira quarta-feira da Quaresma" [1670])

Pedir e tornar a pedir uma vez e muitas chama-se entre os homens importunação; mas é próprio da liberalidade de Deus, sendo liberalíssimo, querer-se importunado.
(Maria Rosa Mística, "Sermão v")

Tanto maior dificuldade é a do pedir que a do deixar; tanto menor fineza é a do deixar que a do pedir. Deixar é grandeza, pedir é sujeição; deixar é desprezar, pedir é fazer-se desprezado; deixar é abrir as mãos próprias, pedir é beijar as alheias; deixar é comprar-se, porque quem deixa, livra-se: pedir é vender-se, porque quem pede, cativa-se; deixar, finalmente, é ação de quem tem: pedir é ação de quem não tem, e tanto vai de pedir a deixar, quanto vai de não ter a ter.
("Sermão de S. Pedro Nolasco", pregado no dia do mesmo santo)

Os pensamentos são os primogênitos da alma: sempre se parecem à origem donde nasceram; assim como ninguém é o que cuida de si, assim é certo que cada um é o que cuida dos outros. Há uns pensamentos que nascem pelo que entra pelos sentidos, e há outros que nascem do que se considera com o discurso: os que são filhos dos sentidos, parecem-se com os objetos; os que são filhos do discurso, parecem-se com o sujeito: cada um costuma discorrer como costuma obrar; e o que cuida o que os outros hão de fazer, é o que ele fizera: as obras e as imaginações dos homens não têm mais diferença que serem umas por dentro outras por fora; as obras são imaginações por fora, as imaginações são obras por dentro; e se são menos as obras que as imaginações, não é pela diferença senão pela dificuldade.

(Voz primeira obsequiosa, "Sermão das exéquias do Sereníssimo Infante de Portugal d. Duarte...")

*

As obras são filhas dos pensamentos: no pensamento se concebem, do pensamento nascem, com o pensamento se criam, se aumentam e se aperfeiçoam; e como os filhos recebem dos pais a natureza, o sangue e o apelido, assim se recebe do pensamento todo o bem grande e louvável, que resplandece nas obras.

(As cinco pedras da funda de Davi, "Discurso I")

A maior estimação do bem perdido não provém da dor da perda, nem da mesma perda do bem; mas por ocasião da perda provém o maior e verdadeiro conhecimento do mesmo bem, o qual antes de perdido não se conhecia.

(As cinco pedras da funda de Davi, "Discurso II")

⁂

Para as perdas que têm remédio, se fez a diligência; para as que não têm remédio, se fez a dor. Quem chora o bem perdido, que se pode remediar com a dor, ama o seu alívio; quem chora o bem perdido, que com nenhuma dor se pode remediar, ama a sua dor, e esta é a dor verdadeira e fina.

(As cinco pedras da funda de Davi, "Discurso II")

⁂

Esta é a ingrata condição do natural humano: sentir mais o que perde do que estimar o que logra.

("Sermão nas exéquias da Rainha N. S. D. Maria Isabel de Saboia..." [1684])

⁂

Entre o conhecimento do bem e o conhecimento do mal há uma grande diferença: o mal conhece-se quando se tem, o bem quando se teve; o mal, quando se padece, o bem quando se perde.

(As cinco pedras da funda de Davi, "Discurso II")

⁂

Não há dúvida que todas as coisas são mais estimadas e de maior gosto quando se recuperam depois de perdidas, que quando se possuem sem se perderem.
("Sermão de Santo Antônio" [1657])

⁂

Enquanto possuído o bem, como a incógnito, dava-lhe o coração dentro em si um humilde lugar, pequeno e desigual ao seu merecimento, e este é o que ocupava o gosto depois de perdido; como já se conhece a sua grandeza, compõe-lhe o mesmo coração outro alojamento e outro lugar, muito maior e mais largo, proporcionado a ele, e este é o que ocupa a dor.
(*As cinco pedras da funda de Davi*, "Discurso II")

PERGUNTAR

Quando os doutos e presumidos perguntam, não é para saber, senão para tentar.
("Sermão no sábado quarto da Quaresma" [1652])

⁂

Quem não pergunta por ignorância pergunta por gosto.
("Sermão do santíssimo nome de Maria")

POBREZA

Não é mais pobre quem tem menos, senão quem necessita de mais.
(Maria Rosa Mística, "Sermão xxiii")

⁂

Não há vício nem maldade que a fome não persuada, nem torpeza ou infâmia que a necessidade e pobreza não facilite.
(Maria Rosa Mística, "Sermão xxiii")

PODER

Cuidam que podem tudo os que não consideram nem conhecem primeiro o que podem ou não podem.
("Sermão da terceira dominga *post Epiphaniam*")

⁂

Fazer mancos, fazer aleijados, fazer cegos, fazer estropiados, isso fazem os reis, e isso podem. E se não, ide a essas campanhas, a estes exércitos, e a essas cortes: uns em muletas, outros arrastando; uns sem pernas, outros sem braços; uns sem olhos, outros sem orelhas, outros pedindo esmola com os dedos, porque não têm língua; outros sem casco na cabeça, meio atontados; outros sem queixadas no rosto, horríveis e disformes. Homens miseráveis, homens que não sois homens, senão parte de homens: quem vos pôs neste estado? Padre, o serviço de el-rei. Fomos à guerra, e dela escapamos desta maneira. Isto é o que podem

fazer os reis, e tanto mais quanto mais poderosos.
("Sermão da Rainha Santa Isabel" [1674])

*

Só quem quer menos do que pode é sempre poderoso, porque quem quis quanto podia encheu a medida do seu poder, e não pode passar daí; porém, quem quer menos do que pode, sempre pode mais do que quer.
("Sermão da terceira dominga *post Epiphaniam*")

*

Quem quer quanto pode não pode mais; quem quer menos do que pode, sempre lhe sobeja poder.
("Sermão da terceira dominga *post Epiphaniam*")

*

Duas coisas há nos homens que os costumam fazer roncadores, porque ambas incham: o saber e o poder.
("Sermão de Santo Antônio" [1654])

*

O poder tudo consiste em poder algumas coisas, e não poder outras: consiste em poder o lícito e justo, e em não poder o ilícito e injusto; e só quem pode e não pode desta maneira é todo-poderoso.
("Sermão da terceira dominga *post Epiphaniam*")

*

Se buscarmos com verdadeira consideração a causa de todas as ruínas e males do mundo, acharemos que não só a principal, senão a total e única, é não acabarem os homens de concordar o seu querer com o seu poder: *Si vis, potes**. A raiz deste veneno mortal, nascida não só na terra, senão também no Céu, é a inclinação natural com que toda a criatura, dotada de vontade livre, não só apetece sempre ser mais do que é, senão também querer mais do que pode.
("Sermão da terceira dominga *post Epiphaniam*")

PODEROSOS

É tal a jactância dos poderosos, e mais daqueles que cuidam que podem tudo, que têm por afronta do seu poder cuidar-se que tem limite o que podem.
("Sermão da terceira dominga *post Epiphaniam*")

❊

Os poderosos têm ódio a quem repreende suas injustiças, e abominam a quem lhes fala verdade.
("Sermão da quarta dominga da Quaresma" [1655])

❊

* Mateus, 8, 2: "Senhor, se queres, tens poder para purificar-me".

As injúrias que os poderosos fazem aos pequenos, de que eles se não podem defender, Deus tem tomado por sua conta vingá-las.
(Maria Rosa Mística, "Sermão xxv")

⁂

Só com o rei vos chamar marquês, sois marquês; só com vos chamar duque, sois duque. Mas tudo isso que vem a ser? Um nome; no demais sois o mesmo que dantes éreis. Podem os reis dar nomes, sim, mas dar ser, ou tirar ser, ou mudar ser, não chega lá a sua jurisdição, por mais poderosos que sejam.
("Sermão da Rainha Santa Isabel" [1674])

POLÍTICA

Que é uma barca, senão uma república pequena? E que é uma monarquia, senão uma barca grande? Nas experiências de uma se aprende a prática da outra. Saber deitar ao leme a um e a outro bordo, e cerrá-lo de pancadas quando convém; saber vogar, quando se há de ir adiante, e siar, quando se há de dar volta, e suspender ou fincar o remo, quando se há de ter firme; saber esperar as marés e conhecer as conjunções, e observar o cariz do céu; saber temperar as velas conforme os ventos, largar a escota ou carregar a bolina, ferrar o pano na tempestade, e na bonança içar até os topes. Tão política como isto é a arte do pescador na mareação, e mais ainda nas indústrias da pesca. Saber tecer a malha e segurar o nó; saber pesar o chumbo e a cortiça; saber cercar o mar para prover e sustentar a terra; saber estorvar o anzol, para que o peixe o não corte, e encobri-lo, para que o não veja; saber largar a sedela, ou tê-la em teso; saber aproveitar a isca e esperdiçar o engodo.

("Sermão da terceira quarta-feira da Quaresma" [1651])

POSTERIDADE

Os pais homens, ainda que sejam príncipes, todos são mortais; mas por meio da vida dos filhos se imortalizam, e por meio da posteridade da sucessão se fazem eternos.

("Sermão gratulatório e panegírico", na manhã de dia de Reis... em Ação de Graças pelo felicíssimo nascimento da Princesa... [1669])

PREDESTINAÇÃO

Todos os homens neste mundo vivemos com duas ignorâncias: a primeira da morte, a segunda da predestinação. Todos sabemos que havemos de morrer, mas ninguém sabe o quando. Todos sabemos que nos havemos de salvar ou condenar, mas ninguém sabe qual destas há de ser. E por que ordenou Deus que a morte fosse incerta e a predestinação duvidosa? Não pudera Deus fazer que soubéssemos todos quando havíamos de morrer, e se éramos ou não predestinados? Claro está que sim; mas ordenou com suma providência que estivéssemos sempre incertos e duvidosos da predestinação, para que a morte nos suspendesse sempre o temor com a incerteza, e a predestinação nos sustentasse a perseverança com a dúvida. Se os homens souberam quanto haviam de viver e quando haviam de morrer, que seria dos homens? Se eu, sabendo que posso morrer hoje, me atrevo a ofender a Deus hoje, quem soubesse que havia de viver quarenta anos, como não ofenderia confiadamente a Deus ao menos os trinta e nove? Por esta causa ordenou Deus que a morte fosse incerta, e pela mesma que a predestinação fosse duvidosa. Se os homens soubessem que eram precitos, como desesperados haviam-se de precipitar mais nas maldades; se soubessem que eram predestinados, como seguros haviam-se de descuidar na virtude; pois, para que os maus sejam menos maus, e os bons perseverem em ser bons, nem os maus saibam que são precitos, nem os bons saibam que são predestinados. Não saibamos maus que são precitos, para que não se despenhem como desesperados, nem saibam os bons que são predestinados, para que se não descuidem como seguros. De maneira que estas duas ignorâncias, a ignorância da morte e a ignorância da predestinação, são as bases do temor da morte e do temor do inferno, e estes dois temores, as duas mais fortes colunas sobre que todo o edifício da vida cristã se sustenta, para que os homens não vivessem como néscios, mas obrassem como prudentes.

("Sermão de Santa Teresa" no colégio da Companhia de Jesus da Ilha de S. Miguel)

PRÊMIO

Quantos foram mais venturosos com seus erros que outros com seus acertos? Algum, que sempre errou, que nunca fez coisa boa, nomeado, aplaudido, premiado; e o que acertou, o que trabalhou, o que subiu a trincheira, o que derramou o sangue, enterrado, esquecido, posto a um canto.

("Sermão da visitação de Nossa Senhora")

Entre o merecimento e o prêmio há de haver proporção igual.
(Maria Rosa Mística, "Sermão XXIV")

*

Ou mereceis os prêmios que vos faltam, e com que vos faltam, ou não; se os não mereceis, não tendes de que vos queixar; se os mereceis, muito menos. Ainda não sabíeis que não há virtude nem merecimento sem prêmio? Assim como o vício é o castigo, assim, a virtude é o prêmio de si mesma. O maior prêmio das ações heroicas é fazê-las. Com melhores palavras o disse Sêneca, porque falava em melhor língua: *Quid consequar (inquis) si hoc fortiter si hoc grate fecero? Quod feceris*: Se me perguntas que hás de conseguir pelo que fizeste ou forte ou generosamente, respondo-te que tê-lo feito. *Rerum honestarum pretium in ipsis est**: O prêmio das ações honradas, elas o têm em si, e o levam logo consigo; nem tarda, nem espera requerimentos, nem depende de outrem: são satisfação de si mesmas. No dia em que as fizestes, vos satisfizestes.

E se fora de vós mesmo esperáveis outro prêmio, contentai-vos com o da opinião e da honra. Se vossos serviços são mal premiados, baste-vos saber que são bem conhecidos. Este prêmio mental assentado no juízo das gentes, ninguém vo-lo pode tirar nem diminuir. Que importa que subais mal consultado dos ministros, se estais bem julgado da fama? Que importa que saísseis escusado do tribunal, se o tribunal fica acusado? Passai pela chancelaria este despacho, deixai-o por brasão a vossos descendentes, sereis duas vezes glorioso. Só vos dou licença que vos arrependais de ter pretendido. Pouco fez ou baixamente avalia suas ações quem cuida que lhas podiam pagar os homens.

---

* Sêneca, *De beneficiis*, 4, 1 (op. cit.).

Se servistes à pátria que vos foi ingrata, vós fizestes o que devíeis, ela o que costuma. Mas que paga maior para um coração honrado que ter feito o que devia? Quando fizestes o que devíeis, então vos pagastes. Ouvi ao Mestre divino que tudo nos ensinou. Dizia Cristo a seus soldados, a quem encarregou não menos que a conquista do mundo, em que todos deram a vida: *Cum feceritis omnia, dicite: servi inutiles summus**: Quando fizerdes tudo, dizei que sois servos inúteis. Notável sentença! O servo inútil é aquele que não faz nada; mas o que faz muito, e muito mais o que faz tudo, há de cuidar e dizer que é servo inútil? Sim. Ninguém entendeu melhor este texto que o Venerável Beda. Não fala Cristo da utilidade que recebe o Senhor, senão da utilidade que não recebe o servo. O servo não recebe utilidade do seu serviço, porque é obrigado a servir; e assim há de servir quem serve generosamente. O mesmo Cristo se declarou, e deu a razão muito como sua: *Quod debuimus facere, fecimus*: O que devíamos fazer isso fizemos. Quem fez o que devia, devia o que fez, e ninguém espera paga de pagar o que deve. Se servi, se pelejei, se trabalhei, se venci, fiz o que devia ao rei, fiz o que devia à pátria, fiz o que me devia a mim mesmo, e quem se desempenhou de tamanhas dívidas, não há de esperar outra paga. Alguns há tão desvanecidos que cuidam que fizeram mais do que deviam. Enganam-se. Quem mais é e mais pode, mais deve. O sol e as estrelas servem sem cessar, e sempre com grande utilidade; mas esta toda é do universo, e nada sua. Prezai-vos lá de filhos do sol, e tão ilustres como as estrelas, e abstende-vos a mendigar outra paga.

("Sermão da terceira quarta-feira da Quaresma" [1669])

* Lucas, 17, 10: "quando tiverdes cumprido todas as ordens, dizei: Somos simples servos, fizemos apenas o que devíamos fazer".

O dar a quem não serviu é liberalidade, mas o pagar a quem não serviu, é injustiça, porque a paga supõe serviço, assim como o prêmio supõe merecimento. E, se pagar a quem não serviu é uma injustiça, pagar a quem desserviu e ofendeu são duas, e não só é fazer, senão exceder o injusto.
(Maria Rosa Mística, "Sermão VI")

PRESUNÇÃO

Todo o talento é arriscado a o perder ou não dar boa conta dele a presunção humana. Os maiores, pela soberba, os menores, pela inveja, e os mínimos, pela desesperação e pusilanimidade.
("Sermão da primeira dominga do Advento")

PRETENDER

Quando os homens são os que pretendem os ofícios, e não eles aos homens, tão fora está esta multidão de acrescentar autoridade ao ofício, que antes se desacredita a si e a ele. E se não, digam os mesmos pretendentes por que pretendem o ofício. Ou pela honra, ou pelo interesse. Se pela honra, mal a podem dar aos ofícios que se pretendem honrar com ele; e se pelo interesse, bem se vê que não querem o ofício para o servir, senão para se servirem dele; e onde ficará o ofício mais autorizado, onde servir, ou onde for servido? Pelo contrário, quando o ofício é o pretendente do homem, sendo o homem sempre o mais digno, na mesma dignidade do homem pretendido se conserva a autoridade do ofício pretendente, e na

exclusão dos indignos, sempre excluídos, fica sempre a autoridade segura de se arriscar ou perder.
("Sermão da terceira dominga do Advento" [1644])

PROVER

Em Deus não há prover sem provar.
("Sermão da quarta dominga da Quaresma" [1657])

PRUDÊNCIA

A prudência é filha do tempo e da razão: da razão pelo discurso, do tempo pela experiência.
("Sermão nas exéquias da Rainha N. S. D. Maria Isabel de Saboia..." [1684])

R

REMÉDIO

O remédio se deve aplicar conforme a chaga.

("Sermão da terceira dominga da Quaresma" [1655])

⁂

Queimando-se um palácio na antiga Roma, e vendo um senador que estavam muitas mulheres chorando, mandou-as buscar água ao Tibre, dizendo-lhes que com esta se podia apagar o fogo, e não com a das suas lágrimas. Sabemos chorar e não sabemos pôr remédio. Enlutamo-nos por um desacato público, e não olhamos para os ocultos que mandamos fazer por obrigação a quem não tem vontade disso.

("Carta a Duarte Ribeiro de Macedo", Roma, 30 de junho de 1671)

⁂

O maior perigo não é quando se teme o perigo, é quando se teme o remédio.

("Sermão de São Roque" [1644])

⁂

Dobrada pena é padecer os achaques e os remédios, e só nos deixam estes a esperança que com a continuação, como acontece eu tenho experimentado, vencerão a resistência, que quando se não rende ao aço mostra verdadeiramente ser grande.

("Carta ao marquês de Gouveia", Roma, 2 de julho de 1672)

⁂

Grande mal é não sarar com os remédios; mas adoecer dos remédios ainda é mal maior. E quando se adoece dos remédios, que remédio? O remédio é curar-se um homem dos remédios, assim como se cura das enfermidades.

("Sermão da terceira dominga da Quaresma" [1655])

⁂

O doente que quer sarar, levado do amor da vida, nada põe por diante, em nada repara: por ásperos que sejam os medicamentos, a tudo fecha os olhos. Bem sei que se hão de ouvir ais, bem sei que se hão de ouvir gemidos, e muito justos; mas compadecer e cortar como seja com a igualdade e moderação devida que ser nesta parte cruel é a maior piedade.

("Sermão da visitação de Nossa Senhora")

⁂

Dores certas não se podem curar com remédios duvidosos, ou duvidados.

("Carta à Rainha D. Luísa", Pará, 28 de novembro de 1659)

⁂

Quando um remédio não aproveita, se devem buscar outros mais eficazes.
("Carta a d. Rodrigo de Meneses", 24 de outubro de 1671)

⁂

Os grandes males pedem grandes remédios.
("Sermão de São Roque" [1659])

⁂

Grandes males não se curam senão com grandes remédios, e estes não se aplicam sem grande resolução.
("Carta ao padre Manuel Fernandes", Roma, 2 de junho de 1674)

⁂

É a Escritura Sagrada um armazém divino, onde se acham todas as armas; é uma oficina medicinal, onde se acham todos os remédios.
("Sermão da primeira dominga da Quaresma" [1655])

REPUTAÇÃO

A reputação consiste no juízo dos homens.
(*História do futuro...* [1718])

⁂

Não há mais próprio sinal de se acabar um império, uma monarquia, que romperem-se as cortinas dos seus mistérios, e rasgarem-se os véus dos seus segredos. Os reinos e as monarquias sustentam-se mais do misterioso que do verdadeiro, e se se manifestam seus mistérios, mal os defendem as suas verdades. A opinião é a vida dos impérios, o segredo é a alma da opinião. A prevenção sabida ameaça a uma só parte, secreta ameaça a todas. Os intentos ignorados suspendem a atenção do inimigo, manifestos são a guia mais segura de seus acertos. Reino cujas resoluções primeiro forem públicas que executadas, oh! que perigosa conjectura tem de sua conservação!

("Sermão do esposo da mãe de Deus S. José")

⁂

Entre o semeador e o que semeia há muita diferença. Uma coisa é o soldado e outra coisa o que peleja; uma coisa é o governador e outra o que governa. Da mesma maneira, uma coisa é o semeador e outra o que semeia; uma coisa é o pregador e outra o que prega. O semeador e o pregador é nome; o que semeia e o que prega é ação; e as ações são as que dão o ser ao pregador. Ter o nome de pregador, ou ser pregador de nome, não importa nada; as ações, a vida, o exemplo, as obras, são as que convertem o Mundo. O melhor conceito que o pregador leva ao púlpito, qual cuidais que é? O conceito que de sua vida têm os ouvintes.

("Sermão da sexagésima" [1655])

⁂

Mas, se o que mais estimam os homens, e porque mais trabalham, assim na paz como na guerra, é que os reis tenham boa opinião deles, que razão particular há nos sábios para que a não queiram? A razão é porque os reis (comumente) não têm por doutos e sábios senão aqueles que em tudo aprovam e se conformam com os seus ditames e interesses políticos, e com as razões ou pretextos com que os querem justificar; e como isto muitas vezes não pode ser sem ofensa das leis divinas e violências das humanas, melhor é para os tais casos ser reputado por menos douto, e não ter para com os reis opinião de sábio.

("Sermão de Santa Catarina" [1663])

RESSURREIÇÃO

Ao menos eu em mim experimento que muito mais temo o ressuscitar que o morrer, muito mais medo me causa a ressurreição que a morte; antes, se temo a morte, é só por medo da ressurreição. E por quê? A razão é clara. A morte é o fim da vida que acaba; a ressurreição é o princípio da vida que não há de acabar: com a morte acaba-se a vida, com a ressurreição, começa a eternidade; e muito mais para temer é o princípio da eternidade que o fim da vida. Com o fim da vida acabam os males temporais, com o princípio da eternidade podem começar os males eternos: os males da vida têm o remédio da morte, que os acaba; os males da eternidade são males sem remédio, porque ninguém lhes pode dar fim.

("Sermão da ressurreição de Cristo" [1658])

RETRATAÇÃO

A retratação do que se escreveu e saiu a público, em homens de opinião, é muito mais difícil.
("Sermão de Santo Agostinho [1648])

⁂

Conhecer um sábio a sua ignorância ou o seu erro é muito fácil: não fora sábio, se o não conhecera. Porém, chegar a o confessar, e confessá-lo publicamente, é o ponto mais árduo e dificultoso a que se pode reduzir o brio humano, e tanto mais quanto maior for o nome, a opinião e o grau que tiver de douto.
("Sermão de Santa Catarina" [1663])

RIQUEZA

As riquezas, diz São Bernardo, adquirem-se com trabalho, conservam-se com cuidado, e perdem-se com dor. Que coisa é o ouro e a prata, senão uma terra de melhor cor? E que coisa são as pérolas e os diamantes, senão uns vidros mais duros? Que coisas são as galas, senão um engano de muitas cores? Cabelos de Absalão, que pareciam madeixas, e eram laços. Que coisa é a formosura, senão uma caveira com um volante por cima? Tirou a morte aquele véu, e fugis hoje do que ontem adoráveis. Que coisa são os gostos, senão as vésperas dos pesares? Quem mais as canta, esse as vem a chorar mais. Que coisa são as delícias, senão o mel da lança de Jônatas? Juntamente vai à boca o favo e o ferro. Que coisa são todos os passatempos da mocidade, senão arrependimentos depositados para a velhice? E o melhor bem que podem ter é chegarem a ser arrependimentos. Que coisa são as honras e as dignidades, senão fumo? Fumo que sempre cega, e muitas vezes faz chorar. Que coisa é a privança, senão um vapor de pouca dura? Um raio do Sol o levanta, e outro raio o desfaz. Que coisas são as provisões e os despachos grandes, senão umas cartas de Urias? Todas parecem cartas de favor, e quantas foram sentença de morte? Que coisa é a fama, senão uma inveja comprada? Uma funda de Davi que derruba o gigante com a pedra, e ao mesmo Davi como estralo. Que coisa é toda a prosperidade humana, senão um vento que corre todos os rumos? Se diminui, não é bonança, se cresce, é tempestade. Finalmente, que coisa é a mesma vida, senão uma a lâmpada acesa, vidro e fogo? Vidro, que com um assopro se faz; fogo, que com um assopro se apaga. Estas são as glórias do vosso mundo e dos vossos reinos: *Omnia regina mundi, et gloriam eorum**. E por estas glórias falsas, vãs e momentâneas, damos aquela alma imortal que Deus criou para a glória verdadeira e eterna.

("Sermão da primeira dominga da Quaresma" [1655])

*

Quem são os ricos neste mundo? Os que têm muito? Não, porque quem tem muito deseja mais, e quem mais deseja mais falta-lhe o que deseja, e essa falta o faz pobre. *Inventus est qui aliquid concupisceret post omnia***: Houve neste mundo um homem, diz Sêneca, que, depois de ter tudo, ainda desejou mais. Este declarou ele que

---

* Mateus, 4, 8: "Tornou o diabo a levá-lo, agora para um monte muito alto. E mostrou-lhe todos os reinos do mundo com o seu esplendor".

** Carta 119, Livro XX, das *Cartas a Lucílio: Inuentus est qui concupisceret aliquid post omnia* (em português: "Descobriu-se alguém que, depois de ter tudo, ainda ambicionasse mais". Sêneca. Cartas a Lucílio, op. cit., p. 667).

foi Alexandre; mas com encarecimento falso, porque Alexandre nunca foi senhor de tudo. O senhor de tudo só foi Adão. Mas a esse também o perdeu a sua pobreza, porque, tendo tudo, ainda quis mais do que tinha. De maneira que não é rico quem tem muito, ainda que seja tudo. Pois, quem é o verdadeiro rico? Aquele que não quer nada, porque nenhuma coisa lhe falta. E esta é a verdadeira riqueza com que Cristo nos enriqueceu com a sua pobreza, ensinando-nos a não querer nada, como ele o não quis.

(Xavier acordado, "Sermão segundo, Nada")

S

SABER

Duas coisas há nos homens que os costumam fazer roncadores, porque ambas incham: o saber e o poder.

("Sermão de Santo Antônio" [1654])

⁂

Sendo muito poucos no mundo os homens que podem luzir, aqueles diante dos quais se possa luzir ainda são muito menos.

("Sermão de Santo Antônio")

⁂

Quem não é dócil, senhores, não pode ser douto; antes, a mesma docilidade é um sinônimo da ciência.

("Sermão de Santa Catarina" [1663])

⁂

O verdadeiro saber é de saber reconhecer a verdade, ainda que seja filha de outros olhos ou de outro entendimento, e não se cegar com o próprio.

("Sermão de Santo Agostinho" [1648])

*

Os sábios em qualquer faculdade mais sabem ouvindo que discorrendo, e mais acompanhados do que sós.

("Sermão da Santa Cruz" [1638])

SAÚDE

Todos os bens de que é capaz o homem, enquanto vive neste mundo, ou são bens da natureza, ou bens da fortuna, ou bens da graça; mas nenhum deles é tão sólido, inteiro e puro bem que o goze sem tributo de misérias a vida, nem a possa livrar deste tributo senão a morte. Entre os bens da natureza, o mais excelente, o mais útil e o mais necessário é aquele sem o qual nenhum outro bem se pode gozar, a saúde. E só quem compreender o número sem número de enfermidades e dores a que está sujeita e exposta a saúde, ou geradas dentro do mesmo homem, ou nascidas e ocasionadas de fora, poderá conhecer exatamente quão carregado de duríssimas pensões, e não cheio de misérias ou deu ou emprestou à mesma natureza, ainda aos mais sãos e robustos, este calamitoso bem.

("Sermão da Quarta-Feira de Cinzas")

SEGREDO

Nenhum segredo é segredo perfeito se não o que passa a ser ignorância, porque o segredo que se sabe pode-se dizer, o que se ignora, não se pode manifestar. Esta é a causa de os homens comumente não saberem guardar segredos, porque encomendam o segredo à memória, sendo que o haviam de encomendar ao esquecimento. O segredo encomendado à memória corre perigo; o segredo encomendado ao esquecimento está seguro. A razão é porque o segredo encomendado à memória é cautela, e o que se guarda com cautela pode-se perder: o segredo encomendado ao esquecimento é ignorância, e o que se ignora totalmente não se pode manifestar. Logo o perfeito segredo é só o que chega a ser ignorância.
("Sermão de São João Evangelista" [1644])

⁂

Para bem se guardar o segredo, não só o havemos de recatar dos outros, mas também o havemos de recatar de nós.
("Sermão do esposo da mãe de Deus S. José")

⁂

Não dizer um homem o segredo que sabe é muito; mas não dizer que sabe o segredo que sabe é guardar segredo às coisas, mas não dizer que sabe o segredo é guardar segredo ao segredo.
("Sermão de São João Evangelista" [1644])

⁂

A virtude é como o segredo: oculto, conserva-se; manifesto, perde-se.
("Sermão da quinta terça-feira da Quaresma")

SEGURANÇA

Nenhum mortal [...] se deve ter por seguro na Terra, e fora mui bom que a todos se lhe fizera esta lembrança.
("Carta a d. Rodrigo de Meneses", Coimbra, 22 de dezembro de 1664)

⁂

Quem teme os perigos possíveis, estará acautelado; mas quem teme os impossíveis, está seguro. O melhor meio de conservar a segurança é temê-la.
("Sermão de São Roque" [1644])

⁂

Como marinheiro que tem padecido tantos naufrágios, sei que nunca estes estão mais certos que quando menos se teme a tempestade.
("Carta a d. Teodósio de Melo", Vila Franca, 20 de agosto de 1665)

⁂

Não há altura neste mundo que não seja precipício. Todo o lugar mais alto que os outros está sempre ameaçando a própria ruína, sem outra causa ou culpa que o ser mais alto. Que culpa têm as torres e os montes para serem eles os ameaçados dos trovões e os feridos dos raios? Nenhuma outra senão a sua própria altura, e serem os lugares mais levantados da terra.

("Sermão da dominga décima sexta *post Pentecostem*")

⁂

Uma só luz basta para acender, mas uma só luz não basta para assegurar.

("Sermão de São Roque" [1644])

⁂

Os outros lugares quanto mais altos tanto menos segurança têm, e a sua mesma altura é o prognóstico certo da sua ruína.

("Sermão da dominga décima sexta *post Pentecostem*")

⁂

Não há coisa mais inconstante no mundo que os reinos, nem menos durável que sua glória e felicidade.

("Sermão da primeira dominga da Quaresma" [1655])

⁂

Não há coisa menos segura que a graça dos príncipes nem mais fácil no supremo poder que trocar as mãos.

("Sermão da terceira quarta-feira da Quaresma" [1651])

⁂

A maior fúria da tempestade é o mais certo sinal que os marinheiros têm de se querer mudar o vento.
("Carta a Sebastião de Matos e Sousa", Bahia, 14 de julho de 1690)

Segundo os sucessos do mundo e o que eles prometem, melhor é ver os touros, ainda que seja de mau palanque, que ter parte nos riscos deles.
("Carta ao marquês de Gouveia", Coimbra, 16 de janeiro de 1664)

Sem firmeza nem estabilidade alguma, estão sempre passando neste mundo as casas, as quintas, as herdades, os morgados: uns porque os faz passar a morte, outros porque os manda passar a justiça, outros porque os convida a passar a riqueza dos que os compram, outros porque os obriga a necessidade dos que os vendem, outros porque a força e poder os rouba e senhoreia por violência, em suma, que não há pedra, nem telha, nem planta, nem raiz, nem palmo de terra na terra que não esteja sempre passando, porque tudo passa.
("Sermão da primeira dominga do Advento")

SERVIDÃO

Triste e miserável condição é haver um homem de servir a outro, sendo todos iguais.
("Sermão de São Roque" [1652])

A baixeza do servo não é obra ou injúria da natureza, senão da fortuna. A natureza a todos os homens fez iguais: a fortuna é a que fez os altos, os baixos e os baixíssimos, quais são os servos.
("Sermão do mandato" [1655])

⁂

O que serve, por dura que seja a sua servidão, sempre tem horas de alívio e descanso; o que manda, nenhuma.
("Sermão de São Roque" [1652])

SILÊNCIO

São mais excessivos os rigores do silêncio que os da morte.
("Sermão da exaltação da Santa Cruz" [1645])

SOBERBA

Os inimigos que mais temo a Portugal são soberba e ingratidão, vícios tão naturais da próspera fortuna, que, como filhos da víbora, juntamente nascem dela e a corrompem.
(*História do futuro...* [1718])

⁂

A soberba e ambição de subir nunca está mais que sobre um pé. Tem um pé no lugar que possui, e outro já vai pelo ar para o lugar que pretende. Isto é subir sempre. Quem sobe, quando firma o pé num degrau já levanta o outro para o pôr no que se segue; e assim sobe, e vai subindo sempre (por mais alto que seja o lugar a que tem subido) quem for tocado desta tentação.

("Sermão da primeira dominga da Quaresma", na Igreja de Santo Antônio dos Portugueses, em Roma)

SOFRIMENTO

Não é necessário ser grande para ser capaz de grandes penas.

("Carta ao cônego Francisco Barreto", Bahia, 22 de julho de 1684)

O amor pesa-se na balança da paciência: padecer menos é amar menos, padecer mais é amar mais.

(Xavier dormindo, "Sonho segundo")

Os males padecem-se, porque se temem, os bens padecem-se, porque se esperam, e para afligir o mal, basta ser possível, para molestar o bem, basta ser duvidoso. Se alguma coisa nos pudera segurar os sobressaltos desta contingência, parece que era o tempo, o lugar e as pessoas de que nascemos; mas, por mais que destas circunstâncias conjecture a vã sabedoria felicidades, o certo é que nem o tempo as influi, nem a pátria as produz, nem dos mesmos pais se herdam.

("Sermão do nascimento da mãe de Deus")

*

Os trabalhos em sonhos causam muito maior horror.

(Xavier dormindo, "Sonho segundo")

*

Muito maior fineza é padecer com o impossível, que padecer com quem padece.

("Sermão nas exéquias da Rainha N. S. D. Maria Isabel de Saboia..." [1684])

*

Padecer por força é fraqueza; não desmaiar nos trabalhos, necessidade.

("Carta ao duque do Cadaval", Coimbra, 16 de janeiro de 1668)

SONO

O sono é imagem da morte, os sonhos são imagem da vida.
(Xavier dormindo, "Prefação")

*

Talvez adormecerão os sentidos; mas o amor sempre vela, porque sempre lhe faz sentinela o coração.
("Sermão da ressurreição de Cristo S. N.")

*

Os vivos dormimos, descansamos e temos paz, mas não para isso mesmo, porque dormimos para acordar, descansamos para tornar a cansar, e temos paz para tornar outra vez à guerra; pelo contrário, os mortos dormem, descansam e estão em paz para isso mesmo: *In pace in idipsum dormiam et requiescam**. Dormem para isso mesmo, porque dormem, não para acordar, senão para dormir; descansam para isso mesmo, porque descansam, não para tornar a cansar, senão para descansar; e gozam a paz para isso mesmo, porque não gozam a paz para tornar à guerra, senão para a lograr a perpétua e quietamente: *Requiescat in pace***.
("Sermão da Quarta-Feira de Cinzas")

* Salmos, 4, 9: "Em paz me deito e logo adormeço".

** Em português, "descanse em paz".

T

TALENTO

Os talentos são os meios, assim universais como particulares, com que a Providência divina assiste a todos os homens e a cada um para sua salvação e perfeição; e os avanços, ou ganâncias, são o aumento das virtudes, merecimentos e graça, que no exercício, agência e indústria, com que se aplicam os mesmos meios, alcançam os que não são negligentes.

("Sermão da primeira dominga do Advento")

TEMPO

O tempo tira a novidade às coisas, descobre-lhes os defeitos, enfastia-lhes o gosto, e basta que sejam usadas para não serem as mesmas. Gasta-se o ferro com o uso, quanto mais o amor? O mesmo amar é causa de não amar, e o ter amado muito, de amar menos.

("Sermão do mandato" [1643])

Se no passado se vê o futuro, e no futuro se vê o passado, segue-se que no passado e no futuro se vê o presente, porque o presente é o futuro do passado, e o mesmo presente é o passado do futuro.
(“Sermão da Quarta-Feira de Cinzas” [1670])

⁂

Olhai para o passado, se vos não quereis enganar com o presente.
(“Sermão da primeira oitava da Páscoa” [1656])

⁂

Seguirem-se aos anos os desenganos, é fazer o tempo o que faz o tempo; mas anteciparem-se os desenganos aos anos, é fazer a razão o que o tempo havia de fazer.
(“Sermão de São João Batista” [1644])

⁂

Meditar os anos da vida passada é o único remédio para os tornar a viver.
(Maria Rosa Mística, “Sermão VIII”)

⁂

O homem, filho do tempo, reparte com o mesmo a sua ciência, ou a sua ignorância: do presente sabe pouco, do passado, menos, e do futuro, nada.
(*História do futuro...* [1718])

⁂

Pois que é feito de tantos reinos, que é feito de tantas monarquias, que é feito de tantas grandezas? Eram vento, passaram; eram sombra, sumiram-se; eram aparências, desapareceram. Ainda agora são o que de antes eram: eram nada, são nada. Até dos mármores daquele tempo não há mais que pó e cinza.

("Sermão da primeira dominga da Quaresma" [1655])

⁂

Os anos passam e a eternidade se chega: e que bom fora se os gastássemos todos em amor divino e logo teríamos a eternidade em sua glória!

("Carta a um fidalgo", Coimbra, 2 de janeiro de 1665)

⁂

Os primeiros tiranos da formosura são os anos, e a sua primeira morte é o tempo. Debaixo do império da morte acaba, debaixo da tirania do tempo muda-se; e se alguém perguntara à formosura qual lhe está melhor, se a morte ou a mudança, não há dúvida que havia de responder: Antes morta que mudada. A formosura morta sustenta-se na memória do que foi: a formosura mudada afronta-se no testemunho do que é. A vitória que da formosura alcança a morte é um rendimento secreto: cobre-o a terra: a vitória que da formosura alcança o tempo é um triunfo público: todos a veem; e trazer o epitáfio no rosto, ou tê-lo na sepultura, vai muito a dizer.

("Sermão nas exéquias da S. D. Maria de Ataíde" [1649])

⁂

O certo é que os anos são fatais; e os que computam os futuros pelos passados não julgam que havemos de esperar muitos.
("Carta ao cônego Francisco Barreto", Bahia, 15 de julho de 1690)

⁂

No juízo de Deus não basta a certeza do futuro para o castigo, e basta a emenda do passado para o perdão. No juízo dos homens, nem para o futuro vale a incerteza, nem para o passado a emenda.
("Sermão da segunda dominga do Advento")

⁂

Aqui nem se olha para os aplausos do futuro nem para os exemplos do passado, senão para a utilidade particular do presente, sem aplauso e com péssimo exemplo.
("Carta a Duarte Ribeiro de Macedo", Lisboa, 16 de fevereiro de 1676)

⁂

Servir aos futuros, pagar aos passados e não haver nada aos presentes é a maior felicidade de quem fugiu dos homens, para só procurar de Deus o que eles lhe não podem dar nem tirar.
("Carta ao conde de Castanheira", Bahia, 14 de julho de 1690)

⁂

Tudo cura o tempo, tudo faz esquecer, tudo gasta, tudo digere, tudo acaba. Atreve-se o tempo a colunas de mármore, quanto mais a corações de cera!
("Sermão do mandato" [1643])

*

As coisas grandes não se acabam de repente; hão mister de tempo e todas têm seu tempo.
("Carta aos judeus de Ruão", Haia, 20 de abril de 1646)

TESTAMENTO

Os testamentos, que são as últimas vontades dos que morrem, ordinariamente são pios, mas nem por isso argúem grande virtude, porque são voluntários por força. Nos que viveram mal, e querem morrer bem, são retratações da vida; nos que sempre viveram bem, são retratos dela. Os testamentos dos ricos mostram os tesouros que adquiriram; os dos justos, as virtudes que exercitaram.
("Sermão nas exéquias da Rainha N. S. D. Maria Isabel de Saboia..." [1684])

TRABALHO

Quem trabalha, trata da sua vida; quem está ocioso, trata das alheias. Quem trabalha, como cuida no que faz, fala verdade, porque diz as coisas como são. O ocioso, como não tem que fazer, mente, porque diz o que imagina.

("Sermão da quinta dominga da Quaresma" [1654])

⁂

Descansar para cansar mais, antes é ambição de trabalho que desejo de descanso.

("Sermão do esposo da mãe de Deus S. José")

TRISTEZA

A tristeza do coração não é uma só chaga ou uma só ferida, senão todas. Sendo chaga e ferida do coração, bastaria ser uma só para ser mortal; mas, como no coração depositou a natureza todo o tesouro da vida, assim no mesmo coração descarregou a tristeza toda a aljava das suas setas. Dali saem todos os espíritos vitais, que se repartem pelos membros do corpo, e dali, se o coração é triste, todos os venenos mortais que os lastimam e ferem. Ferem a cabeça, e, perturbando o cérebro, lhe confundem o juízo; ferem os ouvidos, e lhe fazem dissonante a harmonia das vozes; ferem o gosto, e lhe tornam amargosa a doçura dos sabores; ferem os olhos, e lhe escurecem a vista; ferem a língua, e lhe emudecem a fala; ferem os braços; e os quebrantam; ferem as mãos e os pés, e os entorpecem; e, ferindo um por um todos os membros do corpo, nenhum há que não adoeça daquele mal, que maior moléstia lhe pode causar, e maior pena.

("Sermão da quarta dominga depois da Páscoa")

U

UNIÃO

É tal a força e virtude da união, que as mesmas coisas que, divididas, são boas, se se ajuntam e unem entre si, para compor algum todo, esse todo, sem acrescer maior bondade às partes, fica muito melhor que cada uma delas.
(Maria Rosa Mística, "Sermão XXI")

⁂

O amor essencialmente é união, e naturalmente a busca; para ali pesa, para ali caminha, e só ali para.
("Sermão do mandato" [1670])

⁂

O amor não é união de lugares, senão de vontades; se fora união de lugares, pudera-o desfazer a distância, mas como é união de vontades, não o pode esfriar a ausência.
("Sermão do mandato" [1643])

⁂

O primeiro e primário efeito do amor é a união.
("Sermão nos anos da Sereníssima Rainha Nossa Senhora..." [1684])

⁂

Toda a vida (ainda das coisas que não tenham vida) não é mais que uma união. Uma união de pedras é edifício, uma união de tábuas é navio, uma união de homens é exército. E sem esta união tudo perde o nome, e mais o ser. O edifício sem união é ruína, o navio sem união é naufrágio, o exército sem união é despojo. Até o homem (cuja vida consiste na união de alma e corpo) com união é homem, sem união é cadáver.
("Sermão do Santíssimo Sacramento" [1662])

⁂

Tanto mais fácil é unir distâncias e vontades que casar opiniões e entendimentos.
("Sermão nos anos da Sereníssima Rainha Nossa Senhora..." [1684])

⁂

Onde há dois entendimentos, duas vontades, duas naturezas e duas pessoas diferentes, não pode haver união.
("Sermão da terceira quarta-feira da Quaresma" [1651])

V

VAIDADE

Vemos que todo este mundo é vaidade, que a vida é um sonho, que tudo passa, que tudo acaba, e que nós havemos de acabar primeiro que tudo, e vivemos como se fôramos imortais ou não houvera eternidade.
("Sermão de Nossa Senhora de Penha de França" [1652])

⁂

Vaidade os cetros, vaidade as coroas, vaidade os reinos e monarquias, e o mesmo mundo que delas se compõe, vaidade das vaidades.
("Sermão da primeira dominga da Quaresma" [1655])

VELHICE

A velhice é idade para ter trabalhado, e não para trabalhar, para ter feito, mas não para fazer.
("Sermão de São Gonçalo")

⁂

Uma velhice enganada é a maior sem-razão do tempo; uma mocidade desenganada é a maior vitória da razão.
("Sermão de São João Batista" [1644])

VER

Sendo tão natural no homem o desejo de ver, o apetite de ser visto é muito maior.
("Sermão da quinta terça-feira da Quaresma")

⁜

Não vos tem acontecido alguma vez ter os olhos postos e fixos em uma parte, e porque no mesmo tempo estais com o pensamento divertido, ou na conversação ou em algum cuidado, não dar fé das mesmas coisas que estais vendo? Pois esse é o modo e a razão por que, naturalmente e sem milagre, podemos ver e não ver juntamente. Vemos as coisas porque as vemos, e não vemos essas mesmas coisas porque as vemos divertidos.
("Sermão da quinta quarta-feira da Quaresma" [1669])

⁜

O ver é mais estimado dos homens que o viver.
("Sermão da exaltação da Santa Cruz" [1645])

⁜

Ninguém haverá, se tem entendimento, que não deseje saber por que ajuntou a natureza no mesmo instrumento as lágrimas e a vista, e por que uniu na mesma potência o ofício de chorar e o de ver? O ver é a ação mais alegre; o chorar a mais triste. Sem ver, como dizia Tobias*, não há gosto, porque o sabor de todos os gostos é o ver; pelo contrário, o chorar é o estilado da dor, o sangue da alma, a tinta do coração, o fel da vida, o líquido do sentimento. Por que ajuntou logo a natureza nos mesmos olhos dois efeitos tão contrários: ver e chorar? A razão e a experiência é esta: ajuntou a natureza a vista e as lágrimas, porque as lágrimas são consequência da vista; ajuntou a Providência o chorar com o ver, porque o ver é a causa do chorar. Sabeis por que choram os olhos? Porque veem.
("Sermão das lágrimas de São Pedro" [1669])

*

O uso de ver tem fim com a vida, o apetite de ser visto não acaba com a morte. Esta foi a origem das estátuas romanas sepulcrais. Punha-se a estátua e imagem do defunto sobre o sepulcro, para que o homem que dentro dele não podia ver, sobre ele fosse visto. Já que me falta a vida própria, ao menos não me falte a vista alheia. De maneira que, devendo os mármores da sepultura ser uns espelhos em que se vissem os vivos, são uma antecipada ressurreição da arte em que se veem os defuntos.
("Sermão da quinta terça-feira da Quaresma")

---

* Tobias, 5, 10: "Que alegria posso ainda ter? Estou cego e não posso ver a luz do céu".

A verdade é filha legítima da justiça, porque a justiça dá a cada um o que é seu. E isto é o que faz e o que diz a verdade, ao contrário da mentira. A mentira, ou vos tira o que tendes, ou vos dá o que não tendes; ou vos rouba, ou vos condena. A verdade não: a cada um dá o seu, como a justiça.
("Sermão da quinta dominga da Quaresma" [1654])

⁂

A verdade não pode estar muito tempo dissimulada.
("Carta a d. Rodrigo de Meneses", Vila Franca, 10 de agosto de 1665)

⁂

Quem trabalha, trata da sua vida; quem está ocioso, trata das alheias. Quem trabalha, como cuida no que faz, fala verdade, porque diz as coisas como são. O ocioso, como não tem que fazer, mente, porque diz o que imagina.
("Sermão da quinta dominga da Quaresma" [1654])

⁂

A verdade – que por isso se pinta despida – não sabe encobrir, nem fingir, nem enfeitar, nem corar, e muito menos enganar; e a primeira virtude do trono, ou seja, da justiça ou da graça, é a verdade. Todo o artifício é coisa mecânica, e não nobre, quanto mais real. O sol abranda a cera e endurece o barro, porque obra conforme a disposição dos sujeitos; mas em todos, e com todos descobertamente: por isso o calor é inseparável da luz. Importa distinguir o bastão do cetro. Os estratagemas não são para o despacho: sejam embora para a campanha, mas não para a corte, para os inimigos, e não para os vassalos. Saibam os pretendentes se podem esperar ou não, para que no fim não desesperem. Quem diz que é arte de não desgostar, não diz nem cuida bem. Melhor é dar um desgosto que muitos. Queixem-se de que os não satisfizeram, mas não possam dizer justamente que os enganaram. Se é dura palavra um não, mais duras são as boas palavras que suspendem e encobrem o mesmo não, até que o descobre o efeito. Quem fez o não tão breve, não quis que se dilatasse.

("Sermão da terceira quarta-feira da Quaresma" [1670])

VERGONHA

A vergonha se conserva na diferença dos costumes e se perde na semelhança; e quando ela não se perde, antes se conserva e permanece no seu maior perigo, então se afina e levanta de ponto, e sobe ao grau de heroica.

(As cinco pedras da funda de Davi, "Discurso III")

VÍCIO

Não há vício nem maldade que a fome não persuada, nem torpeza ou infâmia que a necessidade e pobreza não facilite.

(Maria Rosa Mística, "Sermão XXIII")

Não há vício que uma vez precipitado se não despenhe em outros maiores.
("Sermão de Santa Iria" [1638])

⁜

É tão universal a corrupção dos vícios, em tudo contrários a essas mesmas virtudes, que parece se nos tem já convertido em natureza.
("Carta a Duarte Ribeiro de Macedo", Lisboa, 5 de dezembro de 1678)

VIDA

A felicidade da vida não está em ser larga, senão em ser boa.
(Maria Rosa Mística, "Sermão II")

⁜

O viver bem consiste em guardar os mandamentos de Deus.
(Maria Rosa Mística, "Sermão V")

⁜

Toda a vida humana, por mais religiosa que seja, se não trouxer sempre diante dos olhos o fim para que nasceu, é navio sem norte, é cego sem guia, é dia sem sol, é noite sem estrela, é república sem lei, é labirinto sem fio, é armada sem farol, é exército sem bandeira; enfim, é vontade às escuras, sem luz do entendimento que lhe mostre o mal e o bem, e lhe dite o que há de querer ou fugir.
("Sermão do nascimento da mãe de Deus")

⁂

Esta nossa chamada vida não é mais que um círculo que fazemos de pó a pó: do pó que fomos ao pó que havemos de ser. Uns fazem o círculo maior, outros menor, outros mais pequeno, outros mínimo: *De utero translatus ad tumulum**. Mas, ou o caminho seja largo, ou breve, ou brevíssimo, como é círculo de pó a pó, sempre e em qualquer parte da vida somos pó. Quem vai circularmente de um ponto para o mesmo ponto, quanto mais se aparta dele tanto mais se chega para ele; e quem quanto mais se aparta mais se chega, não se aparta. O pó que foi nosso princípio, esse mesmo, e não outro, é o nosso fim, e porque caminhamos circularmente deste pó para este pó, quanto mais parece que nos apartamos dele, tanto mais nos chegamos para ele; o passo que nos aparta, esse mesmo nos chega; o dia que faz a vida, esse mesmo a desfaz. E como esta roda que anda e desanda juntamente sempre nos vai moendo, sempre somos pó.
("Sermão da Quarta-Feira de Cinzas" [1670])

⁂

---

* Jó, 10, 19: "Ser como se não tivesse existido, levado do ventre para o sepulcro".

Todos imos embarcados na mesma nau, que é a vida, e todos navegamos com o mesmo vento, que é o tempo, e assim como na nau uns governam o leme, outros mareiam as velas, uns vigiam, outros dormem, uns passeiam, outros estão assentados, uns cantam, outros jogam, outros comem, outros nenhuma coisa fazem, e todos igualmente caminham ao mesmo porto, assim nós, ainda que o não pareça, insensivelmente imos passando sempre, e avizinhando-se cada um ao seu fim

("Sermão da primeira dominga do Advento")

⁂

Toda a vida (ainda das coisas que não tenham vida) não é mais que uma união. Uma união de pedras é edifício, uma união de tábuas é navio, uma união de homens é exército. E sem esta união tudo perde o nome, e mais o ser. O edifício sem união é ruína, o navio sem união é naufrágio, o exército sem união é despojo. Até o homem (cuja vida consiste na união de alma e corpo) com união é homem, sem união é cadáver.

("Sermão do Santíssimo Sacramento" [1662])

⁂

Não há maior comédia que a minha vida; e quando quero eu chorar ou rir, admirar-me ou dar graças a Deus ou zombar do mundo, não tenho mais que olhar para mim.

("Carta a um padre", fragmento, fevereiro de 1658)

⁂

Os anos medem-se pela duração, a idade computa-se pela vida: bem podem logo morrer de cem anos, e ser meninos; porque cada um não é dos anos que dura, é dos anos que viveu.

(Voz quarta obsequiosa, "Sermão das exéquias do conde de Unhão d. Fernão Telles de Menezes...")

⁂

Como o amor da vida é tão natural, quem se atreverá a arriscá-la intrepidamente, senão alentado com a esperança do prêmio?

("Sermão da visitação de Nossa Senhora")

⁂

A vida é um bem que morre: a honra e a fama é bem imortal; a vida, por larga que seja, tem os dias contados: a fama, por mais que conte anos e séculos, nunca lhe há de achar conto nem fim, porque os seus são eternos; a vida conserva-se em um só corpo, que é o próprio, o qual, por mais forte e robusto que seja, por fim se há de resolver em poucas cinzas: a fama vive nas almas, nos olhos e na boca de todos, lembrada nas memórias, falada nas línguas, escrita nos anais, esculpida nos mármores, e repetida sonoramente sempre nos ecos e trombetas da mesma fama. Em suma, a morte mata ou apressa o fim do que necessariamente há de morrer: a infâmia afronta, afeia, escurece e faz abominável um ser imortal, menos cruel e mais piedosa seria se o pudera matar.

("Sermão de Santa Iria" [1638])

⁂

Os homens, temos três vidas: vida corporal, vida espiritual, vida eterna. A morte tira somente a vida corporal; o pecado tira a vida eterna e também tira a corporal, porque do pecado nasceu a morte: *Per peccatum, mors**. Todas as mortes, quantas há, quantas houve e quantas há de haver, foram causadas de um só pecado de Adão, e não bastando todas para o pagar, foi necessário que o mesmo Deus morresse para satisfazer por ele. A morte mata o corpo, que é mortal; o pecado mata a alma, que é imortal, e morte que mata o imortal, vede que morte será! Os estragos que faz a morte no corpo, consome-os em poucos dias a terra; os estragos que faz o pecado na alma, não basta uma eternidade para os consumir no fogo. E sendo sobre todo o excesso de comparação tanto mais para temer a morte da alma que a morte do corpo, e tendo mais para amar e para estimar a vida espiritual e eterna, que a vida temporal, em que fé, e em que juízo cabe, que pela vida e saúde do corpo se façam tão extraordinários extremos, e que da vida e saúde da alma se faça tão pouco-caso?

("Sermão de Nossa Senhora de Penha de França" [1652])

*

Terrível pensão é viver da vida alheia, e soberana obrigação conservar a própria como a de todos.

("Carta a d. Rodrigo de Meneses", Coimbra, 19 de janeiro de 1665)

---

* Romanos, 5,12: "Eis por que, como por meio de um só homem o pecado entrou no mundo e, pelo pecado, a morte".

VINGANÇA

A vingança é regalia própria da divindade, e quem se quer vingar por si mesmo, toma a Deus a jurisdição que é sua.
(Maria Rosa Mística, "Sermão xxv")

⁂

Quando amo a quem me ama, pago o que devo; quando me vingo de quem me ofendeu, pagam-me o que me devem. E quem há que não seja mais inclinado a receber a satisfação, que a pagar a dívida? Mais dificultoso é logo deixar de aborrecer a quem nos aborrece, que deixar de amar a quem nos ama.
("Sermão da primeira sexta-feira da Quaresma" [1644])

VIRTUDE

A fortuna neste mundo fez infinitas separações e distinções entre os homens: de reis, imperadores, de duques, de marqueses, de condes, de nobres, de plebeus, de escravos; e, sendo tão miúda esta distinção, não é acertada. Os homens só os distingue a virtude, e não há reais que dois gêneros de gente neste mundo, bons e maus. Só o que está dentro de nós nos pode distinguir intrínseca e verdadeiramente, e este é o vício ou a virtude; tudo o mais são coisas que ficam de fora: podem mudar as aparências, mas não distinguir as pessoas.
(Voz ascética, "Comento ou Homilia sobre o Evangelho da segunda-feira da primeira semana de Quaresma")

⁂

A virtude é como o segredo: oculto, conserva-se; manifesto, perde-se. ("Sermão da quinta terça-feira da Quaresma")

⁂

Não só é dote da natureza a formosura, senão também a fealdade; não só as grandes forças, senão a fraqueza; não só o agudo entendimento, senão o rude; não só a perfeita vista, senão a cegueira; não só a saúde, senão a enfermidade; não só a larga vida, senão a breve. Do mesmo modo nos bens que chamam da fortuna, não só é bem o ilustre nascimento, senão o humilde; não só as dignidades altas, senão o lugar e ofício abatido; não só as riquezas, senão a pobreza; não só o descanso, senão os trabalhos; não só os sucessos prósperos, senão os adversos, não só os mandos, senão o ser mandado; nem só as vitórias e triunfos, senão o ser vencido. Finalmente, nas graças, ou dons da graça, não só é graça o dom das línguas, mas o não saber falar, ou ser mudo; não só o das letras e ciências, senão o da ignorância, não só o do conselho e discrição, senão o de não ter nem poder dar voto; não só o da ostentação e boato dos milagres, senão o de não ser em coisa alguma maravilhoso, senão totalmente desconhecido e desprezado. A razão desta verdade interior e providência verdadeiramente divina é porque todas estas coisas, posto que entre si contrárias, podem ser meios que igualmente nos levem à salvação e promovam à virtude, principalmente sendo distribuídos e dispensados por Deus, e aplicados conforme o gênio de cada um. ("Sermão da primeira dominga do Advento")

VITÓRIA

A ousadia é a metade da vitória, e quem temeu ao inimigo já vai vencido.
("Sermão da Santa Cruz" [1638])

⁂

Não sabe vencer quem não sabe dar o sangue, e mal o pode dar quem o não tem.
("Sermão da Santa Cruz" [1638])

⁂

É vitória própria da grandeza e magnificência divina fazer vencer aos que socorre com os mesmos instrumentos com que foram vencidos.
(Xavier acordado, "Sermão quinto, jogo")

VONTADE

Maior cativeiro é estar sujeito à vontade própria que à alheia.
("Sermão da exaltação da Santa Cruz" [1645])

⁂

Deus nos livre de uma vontade habituada a não querer, porque nunca quer.
("Sermão da dominga XIX" [1639])

⁂

O maior tirano que há no mundo é a vontade de cada um de nós. Os tiranos atormentam por fora, este tirano aflige por dentro. Daqui se argui que, quando Deus quer dar um castigo, entrega a um homem nas mãos da sua própria vontade; por isso lhes deu por castigo que fizessem a sua. De sorte que é maior mal estar sujeito aos apetites da vontade própria que aos impérios da vontade alheia: pois, quando a culpa é não querer obedecer à vontade alheia, dá-se-lhe por castigo fazer a própria.

("Sermão da exaltação da Santa Cruz" [1645])

⁂

Por que acha mais a vontade, sendo cega, que o entendimento, sendo lince? Porque o entendimento acha o que há: a vontade acha o que quer. Conforme a vontade quer, assim acha.

("Sermão da segunda dominga do Advento")

⁂

Posto que o modo a tempo vence mais que a porfia, eu estou certo que, se houvera vontade, nem fora necessária a porfia nem ainda o modo; mas há muitos modos de intentar, de que usam os homens, assim como Deus tem muitos de libertar, quando é servido.

("Carta a d. Rodrigo de Meneses", Vila Franca, 13 de julho de 1665)

Sobre o organizador

Emerson Tin nasceu em Campinas (SP), em 1975. Mestre e doutor em teoria e história literária pela Unicamp, organizou os livros *Para sempre – Cinquenta cartas de amor de todos os tempos* (Editora Globo), *Antologia da poesia barroca brasileira* (Companhia Editora Nacional/Lazuli) e *A arte de escrever cartas* (Editora da Unicamp).

Cronologia

1608 – Antônio Vieira nasce na rua dos Cônegos, em Lisboa, Portugal, no dia 6 de fevereiro, primogênito dos quatro filhos de Cristóvão Vieira Ravasco e Maria de Azevedo.

1615 – Cristóvão é nomeado escrivão do Tribunal da Relação na Bahia, para onde se transfere.

1616 – Em 20 de janeiro, já próxima do desembarque na colônia, a embarcação que traz Vieira corre risco de naufrágio no litoral da Paraíba.

1623 – Em 5 de maio, Vieira ingressa como noviço no Colégio da Companhia de Jesus em Salvador.

1624 – Em maio os holandeses ocupam Salvador. Vieira e os jesuítas refugiam-se na aldeia do Divino Espírito Santo (hoje Vila de Abrantes).

1625 – Faz os primeiros votos, ao fim dos dois anos de noviciado, e, em 6 de maio, passa à classe dos escolares.

1626 – Conclui a redação das cartas ânuas ao superior geral dos jesuítas em Roma e leciona retórica no Colégio da Companhia de Jesus em Olinda, Pernambuco.

1628 – Regressa à Bahia, onde estuda teologia.

1633 – Pregação dos primeiros sermões: "Sermão da quarta dominga da Quaresma", na igreja de Nossa Senhora da

Conceição da Praia, "Sermão XIV do Rosário", à irmandade dos escravos de um engenho, e "Sermão do nascimento do Menino Deus", na igreja do Colégio.

1635 – Ordenado sacerdote, em Salvador, celebra sua primeira missa no dia 13 de dezembro.

1638 – Nomeado professor de teologia do Colégio de Salvador.

1639 – Prega o "Sermão da Dominga XIX depois do Pentecostes".

1640 – Ataque marítimo dos holandeses a Salvador, opondo a armada de Nassau à do conde da Torre. "Sermão pelo bom sucesso das armas de Portugal contra as da Holanda", na igreja de Nossa Senhora da Ajuda, em maio. Restauração da monarquia portuguesa, em dezembro. D. João IV é aclamado rei de Portugal.

1641 – Vieira e o padre Simão de Vasconcelos são escolhidos para acompanhar d. Fernando de Mascarenhas, filho do vice-rei d. Jorge de Mascarenhas, marquês de Montalvão, até Lisboa para jurar obediência ao novo rei de Portugal. Vieira encontra-se com d. João IV em 30 de abril.

1642 – No dia 1º de janeiro prega o "Sermão dos bons anos", o primeiro em Portugal, na Capela Real.

1643 – Recomenda, na "Proposta a El-Rei d. João IV", tolerância "aos judeus mercadores", e apresenta plano de recuperação econômica para Portugal. Sugere ainda a criação de uma companhia de comércio e o cultivo de drogas e especiarias da Índia na América Portuguesa.

1644 – D. João IV solicita ao provincial dos jesuítas o destacamento do padre Antônio Vieira para missões relevantes de interesse da Corte. É nomeado pregador régio e mestre do príncipe d. Teodósio, primogênito do rei. Prega o "Sermão de São Roque", na capela dos jesuítas de São Roque, onde propõe a criação de duas companhias de comércio, uma para a Índia, outra para a América Portuguesa. Prega ainda o "Sermão da glória de Maria, mãe de Deus" e o "Sermão da primeira sexta-feira da Quaresma".

1646 – Completa sua formação jesuítica, fazendo os votos solenes na casa de São Roque (outras fontes afirmam que a cerimônia teria ocorrido em 1644). D. João IV emprega Vieira na diplomacia: em caráter não oficial, envia-o à França, para tratar do casamento de d. Teodósio, e à Holanda, em missão de paz.

1647 – Viaja novamente à França, encontrando-se com o cardeal Mazzarino, e à Holanda.

1648 – Retorna a Portugal, onde escreve o "Papel a favor da entrega de Pernambuco aos holandeses", conhecido como "Papel forte", e defende a criação da província do Alentejo. Redige a "Carta ao marquês de Niza", com plano para combater os espanhóis nas conquistas da América do Sul.

1649 – É criada a Companhia Geral do Comércio do Brasil, com o monopólio mercantil de bacalhau, azeite, vinho e trigo. Começa a redigir a *História do futuro*. É ameaçado de expulsão da Companhia de Jesus, devido a denúncias do Santo Ofício, mas é defendido por d. João IV.

1650 – Vai a Roma, em missão diplomática, para propor o casamento de d. Teodósio com a filha do rei espanhol, d. Maria Teresa d'Áustria, e incitar os revoltosos napolitanos contra o rei da Espanha. Redige a "Carta ao príncipe d. Teodósio". Volta a Lisboa. Prega na Capela Real o "Sermão da primeira dominga do Advento".

1651 – Prega o "Sermão da primeira sexta-feira da Quaresma" e o "Sermão da segunda dominga da Quaresma".

1652 – Missão em Torres Vedras, onde prega o "Sermão da segunda-feira depois do segundo domingo da Quaresma". Parte no final do ano para a América Portuguesa, como superior dos missionários jesuítas no Pará e Maranhão.

1653 – Chega ao Maranhão em 16 de janeiro. Prega o "Sermão do XXII domingo depois do Pentecostes". Missões nos rios Tocantins e Amazonas e na ilha de Marajó.

1654 – Prega o "Sermão de Santo Antônio aos peixes" e o "Sermão da quinta dominga da Quaresma" em São Luís. Vai a Lisboa para tentar obter novas leis sobre o estatuto dos índios nas missões do Maranhão.

1655 – Prega o "Sermão da sexagésima" na Capela Real. Datam dessa época o "Sermão do bom ladrão", o "Sermão do mandato" – na Misericórdia de Lisboa –, o "Sermão da terceira dominga da Quaresma" e o "Sermão segundo do mandato", os dois últimos na Capela Real. Regressa às missões do Maranhão em maio, com plenos poderes para a organização dos aldeamentos indígenas.

1656 – Surgem mais denúncias no Santo Ofício contra ele. Morre d. João IV. Vieira prega o "Sermão da primeira oitava de Páscoa" na matriz de Belém do Pará.

1657 – Prega o "Sermão do nascimento da Virgem Maria" em São Luís.

1658 – É nomeado visitador.

1659 – Carta de Vieira intitulada "Esperanças de Portugal – Quinto Império do Mundo", dirigida à rainha d. Luísa de Gusmão, escrita em abril.

1660 – O escrito "Esperanças de Portugal" é interceptado pelo Santo Ofício.

1661 – Os colonos do Maranhão insurgem-se contra os jesuítas, que são expulsos. Entre eles, Vieira.

1662 – Prega o "Sermão da epifania" na Capela Real, perante a rainha regente e o rei. A rainha d. Luísa é afastada da Corte em favor de d. Afonso VI. Vieira opta pela oposição ao rei e é confinado no Porto. O Tribunal do Santo Ofício instaura contra ele processo por delito de heresia. Em 21 de junho é intimado a depor no tribunal. Redige a "Resposta aos 25 capítulos", defendendo-se de acusações contra ele e os jesuítas do Pará e Maranhão.

1663 – Por ordem da Inquisição, Vieira é desterrado para Coimbra e proibido de viajar à América Portuguesa.

1664 – É detido pela Inquisição em prisão domiciliar no Colégio de Coimbra.

1665 – É detido, em prisão preventiva, nos cárceres da Inquisição até o fim do processo.

1666 – Entrega a sua defesa ao Tribunal do Santo Ofício e é interrogado.

1667 – É sentenciado pelo tribunal ao confinamento em casas da Companhia de Jesus em Coimbra e depois em Lisboa, com proibição de pregar. D. Afonso VI é afastado do trono. Assume-o d. Pedro, seu irmão.

1668 – Vieira é liberado da prisão em junho, em Lisboa, e anistiado pela Inquisição, mas proibido de versar sobre as matérias que causaram seu processo inquisitorial. É transferido para o noviciado da capital do reino e torna-se confessor do regente.

1669 – Prega o "Sermão da terceira quarta-feira da Quaresma" na Capela Real, o "Sermão de Santo Inácio – Fundador da Companhia de Jesus" no Real Colégio de Santo Antão e o "Sermão da quinta-feira da Quaresma" na Misericórdia de Lisboa. Viaja a Roma para pleitear a revisão de sua sentença inquisitorial. Frequenta a cúria romana e a academia da corte da rainha Cristina da Suécia, que se exilara em Roma após abdicar do trono sueco por ter se convertido ao catolicismo.

1670 – Em Roma, prega o "Sermão da Quarta-Feira de Cinzas" na Igreja de Santo Antônio dos Portugueses.

1672 – Recebe convite para ser pregador do papa.

1673 – Prega para a rainha Cristina ("Sermão da quinta terça-feira da Quaresma"), que o convida para ser seu pregador.

1674 – Prega, em 31 de julho, na igreja de San Pietro in Vincoli, o "Sermão das cadeias de São Pedro".

1675 – "Breve de isenção das inquisições de Portugal e mais reinos, que alcançou em Roma a seu favor o padre Antônio Vieira" (17 de abril), do papa Clemente x, torna Vieira imune à Inquisição portuguesa – que é também suspensa no reino. Regressa a Portugal, inclusive por exigência do príncipe regente d. Pedro.

1678 – Redige o "Memorial feito ao príncipe regente d. Pedro sobre os seus serviços e os de seu irmão".

1679 – Sai em Lisboa o primeiro volume dos *Sermões*.

1681 – Regressa à Bahia e aos trabalhos jesuíticos, residindo na Quinta do Tanque, casa de campo da Companhia de Jesus nas proximidades de Salvador. Por pressões do príncipe regente d. Pedro e dos bispos portugueses, Clemente x restabelece o Tribunal do Santo Ofício no reino. Recomeçam em Portugal os "autos de fé". Os estudantes da Universidade de Coimbra queimam em efígie o padre Antônio Vieira.

1682 – Sai em Lisboa o segundo volume dos *Sermões*.

1683 – Vieira intervém em defesa de seu irmão, Bernardo Vieira Ravasco (secretário do Estado e Guerra do Brasil), acusado de envolvimento no assassinato do alcaide de Salvador. Sai em Lisboa o terceiro volume dos *Sermões*.

1688 – É nomeado, com mandato de três anos, visitador geral da província dos jesuítas no Brasil.

1690 – Financia, com os direitos autorais dos *Sermões*, a missão do padre João de Barros junto aos índios cariris da Bahia.

1694 – Em maio, disputas sobre a administração regulamentar da ordem levam à punição dos padres Vieira e Inácio Faia, que têm suas vozes cassadas dentro da Companhia de Jesus. Os dois apelam ao superior geral em Roma.

1696 – Redige seu último sermão, celebrando o nascimento da infanta d. Teresa de Bragança, sexta filha do rei d. Pedro II.

1697 – Prepara o 12º volume dos *Sermões*. Dita sua última carta em 12 de julho. Falece em Salvador, no dia 18 de julho, aos 89 anos. É sepultado na igreja do Colégio. Em dezembro é divulgada a decisão do superior geral da Companhia, que favorece os padres Vieira e Faia, anulando a decisão de maio de 1694.

Bibliografia

Obras de Antônio Vieira

A arte de morrer: os sermões de Quarta-feira de Cinza de Antônio Vieira. Concepção e organização, prefácio, notas e cotejo com a *editio princeps* Alcir Pécora. São Paulo: Nova Alexandria, 1994.

Cartas. Coordenação e notas João Lúcio Azevedo; prefácio Alcir Pécora. São Paulo: Globo, 2008-2009. 3 v.

Cartas do Brasil. Organização e introdução João Adolfo Hansen. São Paulo: Hedra, 2003.

Historia do Futuro. Livro anteprimeyro prologomeno a toda a Historia do Futuro, em que se declara o fim, & se provaõ os fundamentos della. Lisboa: Na Officina de Antonio Pedrozo Galram, 1718. (Disponível em: http://books.google.com.br/books?id=MooNAAAAQAAJ&dq=Historia+do+Futuro&source=gbs_navlinks_s. Acesso em: 21 jul. 2008)

Sermões. Reprodução fac-similar dirigida pelo Padre Augusto Magne. São Paulo: Anchieta, 1943-1945. 16 v.

Sermões: Padre Antônio Vieira. Organização e introdução Alcir Pécora. São Paulo: Hedra, 2000, t. 1.

Sermões: Padre Antônio Vieira. Organização e introdução Alcir Pécora. São Paulo: Hedra, 2001, t. 2.

Vieira abbreviado em cem discursos moraes, políticos, divididos em dous tomos. Organizado por Anselmo Caetano Munhoz de Avreu Gusmam e Castello Branco. Lisboa: Na Officina de Miguel Rodrigues, 1746. 2 t. (Disponível em: <http://books.google.com.br/books?id=e37tf3eTkncC&dq=Vieira +abbreviado&source=gbs_navlinks_s>. Acesso em: 26 maio 2011)

Obras sobre Antônio Vieira (seleção)

Azevedo, João Lúcio de. *História de Antônio Vieira*. 2 t. São Paulo: Alameda, 2008.

Barros, André de. *Vida do apostolico padre Antonio Vieyra da Companhia de Jesus chamado por antonomasia o Grande*. Lisboa: Na nova Oficina Sylviana, 1746.

Besselar, José Van Den. *António Vieira: o homem, a obra, as ideias*. Lisboa: Ministério da Educação e Ciência. Instituto de Cultura e Língua Portuguesa, 1981 (Biblioteca Breve, 58). (Disponível em: <http://cvc.instituto-camoes.pt/conhecer/biblioteca-digital-camoes/doc_download/31-antonio-vieira-o-homem-a-obra-as-ideias-.html>. Acesso em: 26 maio 2011)

Gomes, Eugênio (org.) *Vieira: sermões*. Rio de Janeiro: Agir, 1957.

Lisboa, João Francisco. *Vida do Padre Antônio Vieira*. Prefácio de Peregrino Júnior. Rio de Janeiro: W. M. Jackson, 1952 (Clássicos Jackson, 19).

Pécora, Alcir. *Teatro do sacramento: a unidade teológico-retórico-política dos sermões de Antônio Vieira*. São Paulo: Edusp; Campinas: Universidade de Campinas, 1994.

PORTUGAL. Biblioteca Nacional. *Padre António Vieira, 1608-1697: bibliografia*. Coord. científica José Pedro Paiva. Lisboa: B. N., 1999.

SARAIVA, António José. *História e utopia: estudos sobre Vieira*. Trad. Maria de Santa Cruz. Lisboa: Ministério da Educação. Instituto de Cultura e Língua Portuguesa, 1992. (Disponível em: <http://cvc.instituto-camoes.pt/component/docman/doc_download/63-historia-e-utopia-estudos-sobre-vieira-.html>. Acesso em: 26 maio 2011).

Na internet

- Brasiliana USP

www.brasiliana.usp. br/bbd/search?&fq=dc.contributor.author%3AVieira%2C%5C+Ant%C3%B4nio%2C%5C+1608%5C-1697

Na Brasiliana USP, projeto de digitalização de obras raras, estão disponíveis as primeiras edições da obra do Padre Antônio Vieira.

- Biblioteca de Literaturas de Língua Portuguesa

www.literaturabrasileira.ufsc.br/documentos/?action=midias&id=144104

Na Biblioteca de Literaturas de Língua Portuguesa, encontram-se disponíveis os sermões e algumas outras obras de Vieira.

- Página comemorativa dos 400 anos de nascimento do Padre Vieira

http://vieira400anos.com.br/index.html

Página comemorativa dos 400 anos de nascimento do Padre Vieira, com diversas informações e obras disponibilizadas para leitura, incluindo parte da *Vida do apostolico padre Antonio Vieyra*, de André de Barros.

Este livro, composto em tipografia Electra e diagramado pela Alaúde Editorial Limitada, foi impresso em papel Chamois Fine Dunas oitenta gramas pela Geográfica no dois milésimo sexagésimo sexto ano da publicação de *Sobre o orador*, de Marco Túlio Cícero. São Paulo, agosto de dois mil e onze.